Statues

of Parliament Hill / de la Colline du Parlement

An Illustrated History / Histoire illustrée

It gives me great pleasure to introduce this book about the statues and monuments on Parliament Hill, the foremost symbol of government in the National Capital.

We at the National Capital Commission recognize the importance of honouring the great figures of Canadian history. They help us to reflect upon our past, to live responsibly in the present, and to realize the dreams and aspirations of the future.

Each of these monuments pays tribute to the contributions, achievements, and dreams of a very special group of people: Canadians who have served their country in an outstanding way, and according to their visions of what Canada could be.

It is fitting that we honour them in the Capital, since the Capital is for all Canadians. It represents our strongest memories of the past, as well as our best dreams for the future. Here, all Canadians can take pride in one of the highest honours that a country can bestow upon its citizens — a monument in bronze and stone in the Nation's Capital.

A statue is, moreover, a living tradition. And just as Canada has honoured in its Capital the achievements of the past, so it will continue to pay tribute to those with both the courage and the vision to keep making a better Canada for all of us.

Jean E. Pigott
Chairman
National Capital Commission

J'ai l'honneur de préfacer le présent ouvrage sur les statues et les monuments qui ornent la Colline du Parlement, symbole prédominant du gouvernement dans la capitale nationale.

La Commission de la Capitale nationale reconnaît l'importance de rendre hommage aux grands personnages qui ont marqué l'histoire du Canada. Nous nous inspirons de leur oeuvre pour réfléchir sur le passé, pour nous aider à assumer nos responsabilités d'aujourd'hui et pour réaliser nos rêves et nos aspirations de demain.

Chaque monument souligne la contribution, les réalisations et les rêves d'un groupe de personnes bien spécial: des Canadiens qui ont servi leur pays de façon exemplaire et d'après leur conception du Canada.

Il est normal que ce soit dans la capitale que nous leur rendions hommage car la capitale appartient à tous les Canadiens. Elle renferme nos souvenirs et nos rêves les plus chers. Ici, tous les Canadiens peuvent s'enorgueillir d'un des plus grands honneurs qu'un pays puisse accorder à ses citoyens — un monument en bronze et en pierre dans la capitale du Canada.

De plus, une statue est une tradition vivante. Le Canada a mis en valeur, dans sa capitale, les réalisations du passé, et il continuera d'honorer ceux qui ont le courage et la force de poursuivre les efforts entrepris pour faire du Canada un endroit où il fait bon vivre.

Jean E. Pigott
Président
Commission de la Capitale nationale

Published by the Visual Arts
Programme
National Capital Commission
Ottawa-Hull, Canada

Publié par le Programme des
arts visuels
Commission de la Capitale
nationale
Ottawa-Hull, Canada

ISBN 0-660-53258-1
Cat. No. W93-11/1986

ISBN 0-660-53258-1
N° de cat. W93-11/1986

Text/Research: Terry G.
Guernsey

Texte et recherche: Terry G.
Guernsey

Design: Acart Graphic Services
Inc.

Présentation: Acart Graphic
Services Inc.

Table of Contents

I n order to convey to the reader a better sense of the history of Parliament Hill, the statues have been arranged in chronological order, beginning with the first monument to be erected, and concluding with the most recent. Although not located on Parliament Hill, the monuments to Louis St-Laurent and Henry Albert Harper have also been included, since their own histories are inseparable from the history of the Hill.

Sir George-Etienne Cartier 7
Sir John A. Macdonald 17
Alexander Mackenzie 27
Queen Victoria 37
The Harper Memorial (Sir Galahad) 47
Robert Baldwin and
Sir Louis-Hippolyte Lafontaine 59
George Brown 69
Thomas D'Arcy McGee 77
Sir Wilfrid Laurier 89
Sir Robert Borden 101
William Lyon Mackenzie King 111
Louis St-Laurent 123
John Diefenbaker 135
Biographical Notes 143
Sources and Credits 150

Table des matières

A fin que le lecteur se place dans le contexte historique de la Colline du Parlement, les descriptions des statues sont en ordre chronologique. Les textes vont donc du premier monument érigé jusqu'au plus récent. Bien qu'ils ne se trouvent pas sur la Colline, les monuments à Louis St-Laurent et à Henry Albert Harper sont inclus, parce que leur histoire est indissociable de celle de la Colline.

Sir George-Étienne Cartier 7
Sir John A. Macdonald 17
Alexander Mackenzie 27
La reine Victoria 37
Le monument commémoratif
    Harper (Galaad) 47
Robert Baldwin et Sir Louis-Hippolyte
    Lafontaine 59
George Brown 69
Thomas D'Arcy McGee 77
Sir Wilfrid Laurier 89
Sir Robert Borden 101
William Lyon Mackenzie King 111
Louis St-Laurent 123
John Diefenbaker 135
Notes biographiques 143
Sources et crédits 150

Sir George-Etienne Cartier (1814-1873)

The first monument to be erected on Parliament Hill was dedicated to Sir George-Etienne Cartier. Although banished early in his career for participating in the Rebellion of 1837 in Lower Canada, Cartier was later created a Baronet by Queen Victoria for the vital role he had played in Canadian Confederation. Integral to that role had been his unlikely but enduring friendship with Scottish-born Sir John A. Macdonald, who became Canada's first Prime Minister. It was out of this unusual friendship that the idea for the capital's first monument arose.

Le premier monument érigé sur la Colline du Parlement rendait hommage à Sir George-Étienne Cartier. Bien que banni au début de sa carrière pour avoir participé à la Rébellion de 1837 au Bas-Canada, Cartier reçut plus tard de la reine Victoria le titre de baronnet en raison du rôle vital qu'il joua dans la création de la Confédération canadienne. Cette réalisation de taille doit beaucoup à l'amitié étonnante mais durable liant Cartier à Sir John A. Macdonald, ce Canadien d'origine écossaise qui fut le premier à occuper le poste de premier ministre du Canada. C'est de cette amitié peu commune que jaillit l'idée du premier monument de la capitale.

Sir George-Etienne Cartier   Sir George-Étienne Cartier

Both in their early forties when their political careers brought them together as Cabinet colleagues, Cartier and Macdonald soon formed a friendship that was to last for some twenty years. Sharing similar political principles and goals, as well as an ironic sense of humour and zest for life, the two friends could as easily do a few dance steps or sing a song as they could orchestrate a debate in the Assembly. By 1857, they had formed a joint ministry for the Province of Canada (with Cartier representing Canada East, and Macdonald Canada West), and until 1867, fought a tireless campaign for the Confederation of Canada.

Tous deux au début de la quarantaine lorsque leur carrière politique les réunit au sein du Cabinet, Cartier et Macdonald se lièrent bientôt d'une amitié qui allait durer une vingtaine d'années. Partageant des principes et des objectifs politiques semblables, ainsi qu'un même sens de l'humour chargé d'ironie et un goût de vivre insatiable, ces deux amis pouvaient tout aussi bien se mettre à chanter et à danser qu'orchestrer un débat à l'Assemblée. En 1857, ils dirigèrent ensemble la province du Canada (Cartier représentant le Canada Est et Macdonald, le Canada Ouest) et, jusqu'en 1867, ils luttèrent sans relâche pour la Confédération du Canada.

Sir John A. Macdonald,
c. 1875

Sir John A. Macdonald, vers
1875

While the years following Confederation brought with them still further success for Sir John A. Macdonald, and for Cartier the portfolio of Militia and Defence, they also brought Cartier fluctuating political fortunes, and seriously deteriorating health. Nonetheless, when Cartier died in 1873, at the age of only 58, Macdonald was deeply grieved. Out of this sense of loss, however, arose the desire to honour Cartier in both a permanent and a public way. Thus, within only three days of Cartier's death, Macdonald had proposed that he be given the same honours as those extended by the British earlier in the century to one of their former Prime Ministers, William Pitt (1759-1806): not only a state funeral, but also a commemorative monument, both to be undertaken at public expense.

Tandis que les années qui suivirent la naissance de la Confédération apportèrent d'autres succès pour Sir John A. Macdonald et permirent à Cartier de diriger le portefeuille de la Milice et de la Défense, pour Cartier, elles furent également marquées par quelques revers politiques et de graves ennuis de santé. Lorsque Cartier s'éteignit en 1873, âgé de 58 ans seulement, Macdonald en fut profondément attristé. De ce sentiment de vide naquit cependant le désir d'honorer Cartier d'une manière permanente et publique. C'est ainsi que trois jours à peine après le décès de son ami, Macdonald proposait non seulement des funérailles d'État mais aussi un monument commémoratif, ces deux manifestations d'estime devant être payées par l'État. Les Canadiens suivraient ainsi l'exemple des Britanniques qui, au début du siècle, avaient accordé ces honneurs à William Pitt (1759-1806), un ancien premier ministre.

Cartier's funerary monument in the Côte-des-Neiges cemetery, Montreal, 1912 (detail)

Monument funéraire à Cartier au cimetière de la Côte-des-Neiges, Montréal, 1912 (détail)

Statuette of Cartier by Louis-Philippe Hébert (plaster; c. 1881) (Government of Ontario Art Collection, Queen's Park, Toronto)

Statuette de Cartier par Louis-Philippe Hébert (plâtre, vers 1881) (Collection d'œuvres d'art du gouvernement de l'Ontario, Queen's Park, Toronto)

View of the interior of Notre Dame Cathedral, Ottawa

Vue de l'intérieur de la cathédrale Notre-Dame, Ottawa

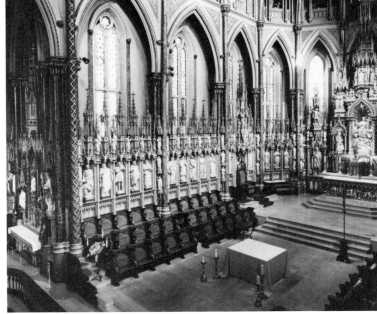

Partly because of a period spent shortly thereafter in Opposition, the administration of Macdonald did not announce a competition for the monument until 1882. In spite of the delay, the international competition attracted entries from at least 14 artists in Canada, the U.S.A., Great Britain, and Italy, including one model showing Cartier in what was described as a "curious combination of frockcoat and flowing toga." Nonetheless, when a committee composed of Cabinet Ministers and officials from the Department of Public Works met to select the winning entry, they chose the model submitted by a Quebec sculptor, Louis-Philippe Hébert. Then working on an elaborate series of woodcarvings for the Cathedral of Notre Dame in Ottawa, he had also undertaken several secular works, including the bust of Cartier for his funerary monument, and his portrait statuette, one of a series he was then making of famous Canadians.

En partie parce qu'il fut défait peu après et se retrouva dans l'Opposition pendant une courte période, le gouvernement Macdonald n'annonça pas le concours pour le monument avant 1882. Malgré ce délai, le concours international attira au moins 14 candidatures d'artistes du Canada, des États-Unis, de la Grande-Bretagne et de l'Italie, dont une maquette montrant Cartier dans ce qui était décrit comme un ‹curieux mélange de redingote et de toge flottante›. Mais lorsque le comité formé de ministres du Cabinet et de fonctionnaires du ministère des Travaux publics se réunit pour désigner un gagnant, il arrêta son choix sur la maquette présentée par un sculpteur québécois, Louis-Philippe Hébert. Travaillant alors à une série élaborée de sculptures sur bois pour la cathédrale Notre-Dame d'Ottawa, Hébert avait aussi exécuté diverses œuvres non religieuses, dont un buste pour le monument funéraire de Cartier ainsi qu'une statuette faisant partie de la série de portraits de Canadiens célèbres qu'il réalisait à ce moment-là.

In his monument, Hébert chose to depict Cartier not only in a typical pose, but also at a specific stage of his career, and at a particular moment in history. Cartier is shown in the midst of debate: with his head turned to address his audience, he gestures to the document which he holds in his hand. On it are inscribed the words: "Constitution de 1867. Le gouvernement est d'opinion que la Confédération est nécessaire." ("Constitution of 1867. The government is of the opinion that Confederation is necessary.") While typifying one of Cartier's dominant political beliefs, these words also formed part of a speech he made at the historic debates on Confederation held in Quebec City on Tuesday, February 7, 1865. Fashionably attired in frockcoat and trousers, his forcefulness and energy are further conveyed by the informal disarray of his overcoat and tie — disarranged, as it were, in the urgency of the moment. As befits a memorial in the nation's capital, the monument commemorates Cartier's national significance: the importance of his role as a dedicated proponent of Confederation.

Dans son monument, Hébert choisit de montrer Cartier non seulement dans une pose typique mais aussi à une étape précise de sa carrière et à un moment précis de l'histoire. Cartier est présenté au milieu d'un débat : la tête tournée pour s'adresser à son auditoire, il pointe du doigt le document qu'il tient à la main et sur lequel est écrit : ·Constitution de 1867. Le gouvernement est d'opinion que la Confédération est nécessaire.· Tout en illustrant les principales convictions politiques de Cartier, ces paroles faisaient également partie d'un discours prononcé lors des débats historiques sur la Confédération qui se déroulèrent à Québec le mardi 7 février 1865. Vêtu de la redingote à la mode à l'époque, sa fougue et son énergie sont également communiquées par la cravate et le manteau défaits, désordre que semble avoir provoqué l'urgence du moment. Comme il sied à un monument destiné à la capitale, celui-ci témoigne de l'importance nationale de Cartier, de son rôle comme ardent défenseur de la Confédération du Canada.

Monument to Sir
George-Etienne Cartier,
Parliament Hill

Monument à Sir George-
Étienne Cartier, Colline du
Parlement

Located just to the west of the original Centre Block, on a site recommended for it by Thomas Fuller, the architect of the building, the monument to Cartier was unveiled on January 29, 1885, the opening day of a new session of Parliament. A large crowd soon gathered around the monument, including several local snowshoe clubs, the drum and bugle band of the Governor General's Foot Guards, and many of Cartier's former friends and colleagues. Among them was the historian Benjamin Sulte, who even wrote a poem in honour of the occasion.

Placé juste à l'ouest de l'Édifice du Centre original, à un endroit recommandé par Thomas Fuller, architecte de l'immeuble, le monument à Cartier fut dévoilé le 29 janvier 1885, jour de l'ouverture d'une nouvelle session du Parlement. Une foule nombreuse se rassembla rapidement autour du monument et comprenait notamment des clubs de raquetteurs locaux, la fanfare de tambours et clairons du Governor General's Foot Guards ainsi que d'anciens collègues et amis de Cartier. Parmi eux se trouvait l'historien Benjamin Sulte, qui avait même composé un poème pour l'occasion.

View of the Parliament Buildings, c. 1885, with the monument to Cartier visible on the left

Vue des édifices du Parlement, vers 1885; le monument se trouve sur la gauche

The monument itself was unveiled by Sir John A. Macdonald. Recalling in his speech both public and private memories of a deeply cherished friend, he concluded with "the words of a song that Sir George Cartier used to sing so often when he was with us — 'Il y a longtemps que je t'aime,/Jamais je ne t'oublierai.' ('I have loved you for so long/that I will never forget you.')" Thus the remarkable friendship, which played such a formative role in the early years of the young Canadian nation, was given one of its final and most fitting of public tributes.

Le monument lui-même fut dévoilé par Sir John A. Macdonald. Évoquant dans son discours des souvenirs publics et privés d'un ami très cher, il concluait par ‹les mots d'une chanson que Sir George Cartier chantait souvent quand il était parmi nous : Il y a longtemps que je t'aime, jamais je ne t'oublierai›. Ainsi, l'amitié remarquable qui avait été si formatrice dans les premières années de la jeune nation canadienne recevait l'un de ses derniers hommages publics les plus vibrants.

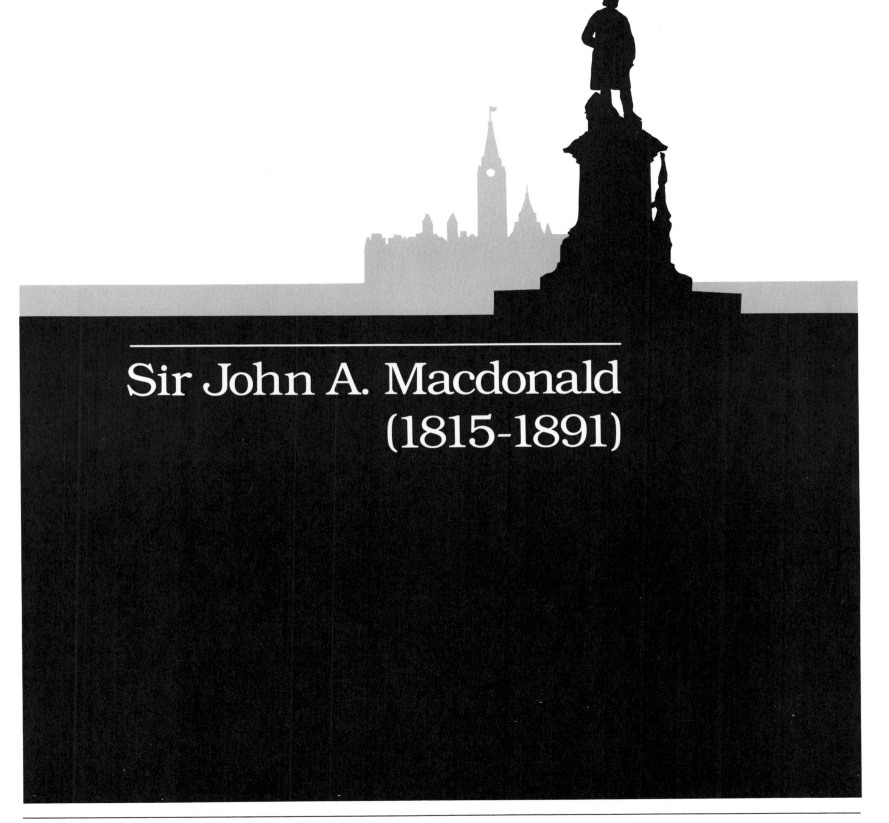

Sir John A. Macdonald
(1815-1891)

By the end of 1895, only four years after the death of Sir John A. Macdonald, major public monuments had been erected to him in five Canadian cities, as well as in the British capital of London, England. An outstanding expression of public regard, it testifies to the widespread popularity of Macdonald himself. Active in political life at the national level since the 1840's, Macdonald, a Scottish-born lawyer from Kingston, Ontario, had played a leading role in the negotiations leading to the Confederation of Canada in 1867. Then becoming the new Dominion's first Prime Minister, he continued to serve in that capacity (except for a period of five years) from 1867 until 1891, the year of his death. During the periods of his premiership, Canada experienced rapid growth: Manitoba, British Columbia, and Prince Edward Island joined Confederation, while in 1885, the Canadian Pacific Railway completed its transcontinental line.

À la fin de 1895, quatre ans à peine après la mort de Sir John A. Macdonald, des monuments publics importants avaient déjà été érigés en son honneur dans cinq villes canadiennes ainsi qu'à Londres, en Angleterre. Expression remarquable de l'estime publique, cette profusion de monuments témoigne de la grande popularité dont jouissait Macdonald. S'engageant sur la scène politique nationale dans les années 1840, Macdonald, avocat d'origine écossaise de Kingston, Ontario, joua un rôle de premier plan dans les négociations qui aboutirent à la création de la Confédération canadienne en 1867. Devenant alors le premier chef d'État du nouveau dominion, il resta premier ministre (sauf pendant une période de cinq ans), de 1867 à 1891, année de son décès. Sous sa gouverne, le Canada grandit rapidement : le Manitoba, la Colombie-Britannique et l'Île-du-Prince-Édouard entrèrent dans la Confédération et, en 1885, les Chemins de fer du Canadien Pacifique achevèrent leur ligne transcontinentale.

Sir John A. Macdonald, c. 1878

Sir John A. Macdonald, vers 1878

Monument to Sir John A. Macdonald (1894), Queen's Park, Toronto, Sept. 9, 1916

Monument à Sir John A. Macdonald (1894), Queen's Park, Toronto, 9 septembre 1916

Although a monument in honour of Macdonald had been proposed for Parliament Hill only weeks after his death, no competition was held until 1893. Despite the delay, the response was enthusiastic: approximately 44 models were submitted by artists in Canada, the U.S.A., Great Britain, and Europe. Among them was Hamilton Thomas Carleton Plantagenet MacCarthy, a British sculptor who had settled in Canada, and who was then working on the Macdonald monument for Toronto. Stressing the superior quality of his portrait likeness, he even reminded the government that he had had the privilege of making a death mask of Macdonald "the morning after his death, by permission of the Baroness Macdonald."

Bien qu'un monument en l'honneur de Macdonald eût été proposé pour la Colline du Parlement quelques semaines à peine après le décès de cet illustre Canadien, aucun concours ne fut organisé avant 1893. Malgré ce délai, la réponse fut enthousiaste : une quarantaine de maquettes furent présentées par des artistes du Canada, des États-Unis, de la Grande-Bretagne et de l'Europe, dont Hamilton Thomas Carleton Plantagenet MacCarthy, sculpteur britannique qui s'était établi au Canada et qui travaillait à un monument à Macdonald commandé pour la ville de Toronto. Soulignant la très grande ressemblance de son portrait, il rappela même au gouvernement qu'il avait eu le privilège de faire le masque mortuaire de Macdonald, ‹le lendemain de son décès, sur autorisation de la baronne Macdonald›.

A model was also submitted by the British artist George Edward Wade, the sculptor of four other memorials to Macdonald. While in Hamilton, Ontario, Wade had depicted Macdonald in a frock-coat and trousers, his model for the Ottawa competition more closely resembled his other monuments in Montreal, Kingston, and London, England (a bust in St. Paul's Cathedral), in which he showed Macdonald wearing the mantle and insignia of a Knight Grand Cross of the Order of Bath, an honour bestowed on Macdonald in 1884. (Although less popular, depictions of Macdonald in a toga also existed, including the marble bust made of him by the British sculptor, Marshall Wood.) Other sculptors were even more ambitious. In one of his models, for instance, the Quebec sculptor George William Hill proposed no less than six allegorical figures for the pedestal alone. Each accompanied by appropriate symbols, they were to represent such abstract concepts as Patriotism, Greatness, Confederation, and the building of the C.P.R.

Le sculpteur britannique George Edward Wade, qui exécuta quatre autres monuments à Macdonald, présenta lui aussi une maquette. Tandis que pour le monument de Hamilton, Wade avait montré Macdonald en redingote, pour Ottawa, il conçut une maquette qui ressemblait davantage à ses autres monuments. Ainsi, pour les statues de Montréal et de Kingston, ainsi que pour le buste de Londres (dans la cathédrale Saint-Paul), il présentait Macdonald portant la cape et l'insigne des chevaliers de la Grand-Croix de l'ordre de Bath, honneur conféré à Macdonald en 1884. (Bien que moins fréquents, des portraits de Macdonald vêtu d'une toge existaient également, dont un buste de marbre, œuvre du sculpteur britannique Marshall Wood). D'autres sculpteurs avaient des vues encore plus ambitieuses. Ainsi, dans l'une de ses maquettes, le sculpteur québécois George William Hill proposait six figures allégoriques pour le piédestal seulement. Chacune d'elle, accompagnée des symboles appropriés, devait illustrer des concepts aussi abstraits que le patriotisme, la grandeur, la Confédération et la construction de la ligne du CPR.

Despite the all-encompassing nature of such
entries, the committee of Cabinet members and
Public Works officials once again selected the model
of the Quebec sculptor, Louis-Philippe Hébert, then
living and working in Paris. In addition to proposing
only one symbolic figure, that of Confederation,
Hébert had earlier undertaken portrait studies of
Macdonald, including a statuette, a copy of which
he had presented to Macdonald in 1887.

Malgré le nombre et la diversité des projets
soumis, le comité formé de membres du Cabinet et
de fonctionnaires des Travaux publics choisit une
fois de plus la maquette du sculpteur québécois
Louis-Philippe Hébert, qui vivait et travaillait alors à
Paris. En plus de ne proposer qu'un personnage
symbolique, celui de la Confédération, Hébert avait
déjà réalisé des études de Macdonald et notamment
une statuette dont il avait offert un exemplaire à
Macdonald en 1887.

Monument to Sir John A.
Macdonald, Parliament Hill

Monument à Sir John A.
Macdonald, Colline du
Parlement

SIR JOHN A. MACDONALD

In his monument, Hébert introduces us to Macdonald as if at an informal, and perhaps even private moment. Standing in a relaxed pose, he pauses briefly in his reading, his collar slightly disarranged, and his glasses held momentarily in one hand. In addition, his head is raised and turned slightly to one side, as if in response to another's presence, about to engage in spririted debate, or plan a witty rejoinder to an Opposition question in the House. Although clearly portrayed as a statesman at the height of his powers, the intimacy and informality of his pose convey that quickness of mind, sparkling sense of humour, and personal warmth for which Macdonald was especially known. Further, as befits a man confident and assured of his abilities, the attributes of his achievements accompany him in an apparently casual and random manner. Around him in disorganized piles, as if consulted rapidly and often, lie bound volumes and sheets of parchment, on one of which is written: CONSOLIDATION OF BRITISH AMERICA.

Dans son monument, Hébert nous présente Macdonald dans un moment de répit et peut-être même dans un moment d'intimité. Debout, dans une pose détendue, il interrompt brièvement sa lecture; son col est légèrement défait et il tient momentanément ses lunettes à la main. Il lève la tête et la tourne légèrement, comme pour répondre à la présence de quelqu'un, pour engager une vive discussion ou concevoir une réplique mordante à une question posée par l'Opposition en Chambre. Bien que Macdonald soit clairement dépeint en homme d'État au faîte de sa gloire, l'intimité et le caractère spontané de la pose communiquent la vivacité d'esprit, le sens de l'humour pétillant et la chaleur pour lesquels Macdonald était bien connu. De plus, comme il sied à un homme sûr de lui-même et de ses capacités, les symboles de ses réalisations l'entourent d'une manière qui paraît fortuite et le fruit du hasard. Autour de lui se trouvent, comme si elles étaient consultées rapidement et souvent, des piles en désordre de volumes reliés et de feuilles de parchemin dont l'une porte la mention : ‹Consolidation of British America› (Consolidation de l'Amérique britannique).

Detail of monument

Détail du monument

Just as Macdonald stands assured and at ease amidst his many accomplishments, so too the smiling and youthful figure of Confederation on the pedestal greets the viewer with a cheerful informality. Intended by Hébert to enhance the principal concept for which Macdonald was remembered, she raises the flag at a somewhat rakish angle, while tilting the shield — bearing the arms (albeit unofficial) of the new Dominion — inward as much as out. She seems as delighted to show us her own very evident charms as to display, though with relatively little solemnity, the official signs and symbols of a new Canadian sovereignty. Crowned with both tiara and laurel wreath, she is draped in the classical toga and sandals traditionally favoured for allegorical figures. Appropriately non-specific for the embodiment of abstract concepts, they also serve in this instance to emphasize her firm body and exuberant youth. Over the shield she extends an honorific wreath of laurel, while around it cluster distinctively Canadian maple leaves. A fitting symbol of the optimistic self-confidence of a young nation, her radiant enthusiasm engages us directly. (For one Senator, perhaps even too directly: as he remarked in 1911, her charms were even distracting some of the younger members of Parliament from their duty).

Tout comme Macdonald se trouve à l'aise parmi les symboles de ses nombreuses réalisations, le personnage féminin, souriant et jeune qui représente la Confédération sur le piédestal accueille le passant de manière enjouée et détendue. Devant, selon Hébert, appuyer la principale idée pour laquelle Macdonald est passé à l'histoire, elle soulève le drapeau avec désinvolture tout en faisant pencher l'écusson portant les armes (non officielles) du nouveau Dominion. Elle semble aussi ravie de nous montrer ses propres charmes, bien évidents, que d'afficher, encore qu'assez peu solennellement, les signes et symboles officiels de la nouvelle souveraineté canadienne. Coiffée d'une tiare et d'une couronne de laurier, elle est drapée de la toge classique et des sandales qu'on retrouve habituellement chez les figures allégoriques. Neutres à dessein afin de favoriser la représentation d'idées abstraites, ces vêtements servent aussi dans le cas de cette statue à souligner ses chairs fermes et sa jeunesse exubérante. Au-dessus de l'écusson, elle tend une couronne de laurier honorifique, tandis qu'autour se distingue clairement un rameau de feuilles d'érable du Canada. Symbole très juste de l'optimisme et de la confiance en soi caractéristiques d'un jeune pays, son enthousiasme débordant nous touche directement. (Peut-être un peu trop directement de l'avis d'un sénateur qui faisait remarquer en 1911 que ses charmes distrayaient même certains jeunes députés de leur devoir.)

Macdonald monument, Parliament Hill: figure of Confederation, November 1897

Monument à Macdonald, Colline du Parlement : figure de la Confédération, novembre 1897

Early view of Macdonald monument, Parliament Hill, n.d.

Vue ancienne du monument à Macdonald, Colline du Parlement, sans date

View of the Parliament Buildings, c. 1915, with (left to right) the monuments to Cartier, Alexander Mackenzie, Baldwin and Lafontaine, and Macdonald. In 1895, there were only two memorials standing: those of Macdonald and Cartier.

Vue des édifices du Parlement, vers 1915; de gauche à droite se trouvent les monuments à Cartier, Alexander Mackenzie, Baldwin et Lafontaine, et Macdonald. En 1895, deux monuments seulement avaient déjà été érigés : ceux de Macdonald et de Cartier.

The unveiling ceremonies took place under brilliant sunshine on the Dominion Day holiday of July 1, 1895. Intended as the highlight of the day's festivities, they began with the sounding of the noon-day gun, followed immediately by a 21-gun salute. Around Parliament Square, more than 1,000 troops were drawn up in precise order of parade, while the Parliamentary and Departmental Buildings (now called East and West Block) were draped with flags and other heraldic decorations. The theme for many of the commentaries and speeches that day was suggested by the site of the monument itself: to the right of the main House of Parliament, in a position corresponding to that of Sir George-Etienne Cartier on the left. "Thus," wrote one reporter, were the two "old comrades in arms" once again together, "joined in a bronze sentinelship" where they could keep "stately and enduring watch over the scene of their achievements." When, after his dedication speech, the Conservative Prime Minister Sir Mackenzie Bowell unveiled the monument, the battery guns sounded, the crowds cheered, and the bands in unison played the national anthem. Dominion Day had surely been an appropriate occasion to honour one of the chief founders of that Dominion.

Les cérémonies de dévoilement du monument se déroulèrent sous un soleil radieux le 1er juillet 1895, jour du Dominion. Devant constituer le clou des festivités de la journée, ces cérémonies débutèrent au son du canon de midi, et se poursuivirent immédiatement par une salve de 21 coups de canon. Sur les pelouses du Parlement, plus de 1 000 soldats se tenaient à l'attention en ordre de défilé, tandis que le Parlement et les bureaux ministériels (aujourd'hui, les édifices de l'Est et de l'Ouest) étaient ornés de drapeaux et d'autres décorations héraldiques. Le thème de nombreux articles de journaux et de discours s'est imposé par la nature de l'emplacement choisi pour ériger le monument : à la droite de l'Édifice du Centre, à un endroit qui correspond à celui où se trouve Sir George-Étienne Cartier sur la gauche. Ainsi, écrivait un journaliste, ces deux anciens camarades de combat sont à nouveau réunis, dans une sentinelle de bronze d'où ils peuvent monter la garde pour l'éternité et avec majesté sur les lieux mêmes de leurs grandes réalisations. Quand, après avoir prononcé le discours de circonstance, le premier ministre conservateur Sir Mackenzie Bowell dévoila le monument, les canons d'artillerie tonnèrent, la foule poussa des vivats et les fanfares jouèrent l'hymne national à l'unisson. Le jour du Dominion s'était révélé une journée idéale pour honorer l'un des principaux fondateurs du Dominion.

Alexander Mackenzie
(1822-1892)

In 1892, less than a year after the death of Sir John A. Macdonald, Sir Wilfrid Laurier announced in Parliament the death of Canada's second Prime Minister, Alexander Mackenzie. As one of Mackenzie's successors to the leadership of the federal Liberal party, Laurier had held the Scottish-born premier in high regard. Mackenzie, he declared, had been "the unbending champion of right," loathe to deviate from principle, and holding any kind of compromise in scorn. Unmindful of success, he was surely "one of the truest and strongest characters to be met with in Canadian history."

En 1892, moins d'un an après la mort de Sir John A. Macdonald, Sir Wilfrid Laurier annonçait au Parlement le décès d'Alexander Mackenzie, deuxième premier ministre du Canada. Comptant parmi les successeurs de Mackenzie à la direction du parti libéral fédéral, Laurier portait en haute estime cet ancien premier ministre d'origine écossaise. Mackenzie, déclarait Laurier, était ‹le ferme champion de la droiture›, il détestait déroger de ses principes et méprisait toute forme de compromis. Indifférent au succès, il était certainement l'‹un des personnages les plus vrais et les plus forts de toute l'histoire du Canada›.

Alexander Mackenzie   Alexander Mackenzie

One of the medals struck for Queen Victoria's Diamond Jubilee, 1897; the youthful effigy is based on an earlier design by the British artist William Wyon, while the older Queen is by Sir Thomas Brock (National Medal Collection, Public Archives of Canada)

Une des médailles frappées pour le Jubilé de diamant de la reine Victoria en 1897; l'effigie de jeunesse s'inspire d'un dessin de l'artiste britannique William Wyon, tandis que l'effigie d'âge mûr est de Sir Thomas Brock (Collection nationale de médailles, Archives publiques du Canada)

In 1897, shortly after Sir Wilfrid Laurier became Prime Minister, a monument to Mackenzie was proposed in Parliament. The competition for it was organized concurrently with the one being held for the memorial that had been proposed only three weeks later, in honour of Queen Victoria on her Diamond Jubilee. Although organized by the Department of Public Works, the competitions were initially advertised by the Department of the Secretary of State, which limited them to Canadian artists. As a result, the number of competitors decreased significantly; for the Mackenzie monument, there were only seven entries, and for Queen Victoria, only four.

En 1897, peu après que Sir Wilfrid Laurier fut devenu premier ministre, un monument à Mackenzie fut proposé au Parlement. Le concours organisé à cet effet se déroula en même temps que celui qui devait aboutir à l'érection d'un monument commémorant les soixante ans de règne de la reine Victoria et qui avait été proposé trois semaines seulement après le monument à Mackenzie. Bien qu'organisés par le ministère des Travaux publics, les deux concours furent annoncés par le Secrétariat d'État, ce qui limitait les candidatures aux artistes canadiens exclusivement. Par conséquent, le nombre de concurrents fut très restreint; pour le monument à Mackenzie, sept projets furent présentés, pour le monument à la reine Victoria, quatre seulement.

The small number of models, however, seems not to have facilitated the selection of a winner; on the contrary, the final decision for the Mackenzie monument took nearly a year to make. The battle seems to have centered primarily on the models submitted by Hamilton MacCarthy, a British sculptor who had settled in Ontario, and Louis-Philippe Hébert, the Quebec sculptor who had already created the first two statues for Parliament Hill. Moreover, with both sculptors receiving support from prominent members of their respective provinces, the struggle was plagued still further by provincial rivalries and associated cultural tensions. In his model, MacCarthy chose to depict Mackenzie in what he believed to be a typical pose: standing, with his head "slightly turned from the pages" which he held in both hands. In addition, he claimed an advantage in portrait likeness, submitting along with his model a bust of Mackenzie, for which the former premier had earlier given him a number of sittings.

Mais le petit nombre de maquettes ne semble pas avoir facilité le choix d'un gagnant, au contraire, car la décision finale au sujet du monument à Mackenzie mit presque un an à venir. La bataille semble s'être livrée principalement entre les maquettes présentées par Hamilton MacCarthy, sculpteur britannique qui s'était établi en Ontario, et Louis-Philippe Hébert, le sculpteur québécois qui avait déjà réalisé les deux premières statues de la Colline du Parlement. De plus, comme ces deux sculpteurs reçurent des appuis de citoyens éminents de leur province respective, la lutte fut envenimée par les rivalités et les tensions culturelles qui existaient entre les deux provinces. Dans sa maquette, MacCarthy proposait de présenter Mackenzie dans ce qu'il croyait être une pose caractéristique : debout, la tête «légèrement détournée des pages qu'il tient à deux mains». Il prétendait également présenter un portrait très ressemblant et accompagnait sa maquette d'un buste de Mackenzie, pour lequel l'ancien premier ministre avait posé à quelques reprises.

Hébert, on the other hand, chose to depict Mackenzie in a seated position, with below him on the pedestal two allegorical figures. Although various compromise solutions were considered, including the suggestion that MacCarthy should undertake the portrait statue and Hébert the symbolic figures, the final solution was unique: Hébert would pay a premium to MacCarthy, such that they would be considered as co-authors of the work. In reality, however, Hébert would undertake the monument entirely on his own. The only provisions were that Hébert agree to specific changes, including the depiction of Mackenzie in a standing position, his more usual posture during a debate. Having finally won the Mackenzie contract, Hébert returned to Paris, where he would also begin work on his monument to the Queen.

Hébert, par contre, avait choisi de montrer Mackenzie assis, et de monter la statue sur un piédestal orné de deux figures allégoriques. Même si diverses solutions de compromis furent envisagées, y compris la proposition que MacCarthy exécute la statue de Mackenzie et Hébert, les figures symboliques, la solution finale retenue est inusitée : Hébert verserait une prime à MacCarthy, de sorte que les deux artistes seraient considérés co-auteurs de l'œuvre. Dans les faits cependant, Hébert réaliserait le monument seul. Les seules conditions imposées étaient que Hébert devait accepter des modifications précises et notamment de montrer Mackenzie debout, sa position habituelle pendant un débat. Ayant finalement obtenu le contrat pour le monument à Mackenzie, Hébert s'en retourna à Paris, où il se mit aussi au travail pour exécuter son monument à la reine.

Louis-Philippe Hébert in his studio, c. 1905-1915

Louis-Philippe Hébert dans son studio, vers 1905-1915

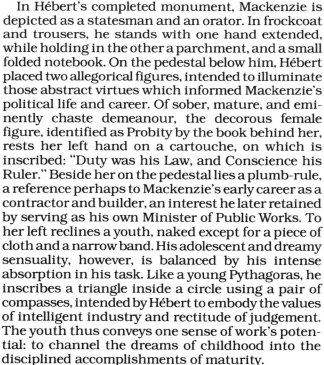

In Hébert's completed monument, Mackenzie is depicted as a statesman and an orator. In frockcoat and trousers, he stands with one hand extended, while holding in the other a parchment, and a small folded notebook. On the pedestal below him, Hébert placed two allegorical figures, intended to illuminate those abstract virtues which informed Mackenzie's political life and career. Of sober, mature, and eminently chaste demeanour, the decorous female figure, identified as Probity by the book behind her, rests her left hand on a cartouche, on which is inscribed: "Duty was his Law, and Conscience his Ruler." Beside her on the pedestal lies a plumb-rule, a reference perhaps to Mackenzie's early career as a contractor and builder, an interest he later retained by serving as his own Minister of Public Works. To her left reclines a youth, naked except for a piece of cloth and a narrow band. His adolescent and dreamy sensuality, however, is balanced by his intense absorption in his task. Like a young Pythagoras, he inscribes a triangle inside a circle using a pair of compasses, intended by Hébert to embody the values of intelligent industry and rectitude of judgement. The youth thus conveys one sense of work's potential: to channel the dreams of childhood into the disciplined accomplishments of maturity.

Dans le monument que créa Hébert, Mackenzie est représenté comme un homme d'État et un orateur. Portant la redingote, il est debout, tend une main et tient dans l'autre un parchemin et un carnet de notes replié. Sur le piédestal à ses pieds, Hébert a placé deux figures allégoriques devant symboliser les grandes qualités qui ont dominé la vie et la carrière politiques de Mackenzie. D'allure sévère, mûre et éminemment chaste, le personnage féminin au maintien grave, identifié comme étant la probité par le livre qu'il tient derrière lui, pose la main gauche sur une cartouche sur laquelle est écrit : ‹Duty was his Law, and Conscience his Ruler› (Le devoir était sa loi et la conscience, sa règle). Derrière ce personnage se trouve un niveau à plomb, probablement pour faire allusion à la profession de Mackenzie, celle d'entrepreneur-constructeur. Il maintint son intérêt pour cette profession à titre de ministre des Travaux publics au cours de son mandat de premier ministre. À sa gauche, s'allonge un jeune homme vêtu seulement d'un pagne et d'une étroite ceinture. La sensualité rêveuse de cet adolescent est toutefois équilibrée par la concentration intense dont il fait preuve dans son travail : tel un jeune Pythagore, il dessine un triangle dans un cercle à l'aide de deux compas, qui représentent pour Hébert l'industrie intelligente et la rectitude du jugement. Ce jeune homme est aussi l'emblème des possibilités du travail, de la capacité de transformer les rêves de jeunesse en des réalisations disciplinées de la vie adulte.

Monument to Alexander
Mackenzie, Parliament Hill

Monument à Sir Alexander
Mackenzie, Colline du
Parlement

Medal commemorating Canadian participation in the Universal Exposition held in Paris in 1900 (National Medal Collection, Public Archives of Canada)

Médaille commémorant la participation canadienne à l'Exposition universelle de Paris en 1900 (Collection nationale de médailles, Archives publiques du Canada)

Before the monument was returned to Ottawa, however, the government persuaded Hébert to exhibit it, along with his monument to Queen Victoria, at the Universal Exposition to be held in Paris in 1900. In addition, it commissioned him to design the medal marking Canada's participation in the fair. Not unexpectedly, perhaps, it bore the profile portrait of Joseph-Israël Tarte, the Canadian Commissioner for the fair who, as Minister of Public Works, had vigorously supported Hébert in both monument competitions.

Avant que le monument ne soit envoyé à Ottawa, le gouvernement persuada cependant Hébert de le présenter, ainsi que le monument à la reine Victoria, à l'Exposition universelle de Paris en 1900. De plus, il lui demanda de créer une médaille commémorant la participation du Canada à cette exposition. Cette médaille porte l'effigie de Joseph-Israël Tarte, commissaire canadien de l'exposition, qui, à titre de ministre des Travaux publics, avait fortement appuyé Hébert lors des deux concours.

View of the Mackenzie monument, with lawn bowlers in the foreground, and the Mackenzie Tower of West Block visible to the right, 1907

Vue du monument Mackenzie, la tour Mackenzie de l'Édifice de l'Ouest se trouve à droite et le terrain de boulingrin, au premier plan, 1907

View of the original Centre Block from the west, showing the monuments to Queen Victoria (partially visible in the foreground, far left), Mackenzie (in the middle distance, on left), and Cartier (foreground, just left of centre), pre-1913

Vue occidentale de l'Édifice du Centre original, montrant les monuments à la reine Victoria (visible en partie au premier plan, à l'extrême gauche), Mackenzie (à mi-chemin sur la gauche) et Cartier (premier plan, centre gauche), avant 1913

Placed without official ceremony upon its return to Ottawa in 1901, the monument was installed on a site recommended for it by David Ewart, the Chief Architect of Public Works. Visible behind it to the southwest is West Block's Mackenzie Tower, which was enlarged during Mackenzie's administration, and which housed his office while Prime Minister. Placed just to the north of the monument to Cartier, it also initiated the tendency to place statuary along the scenic promenade behind the Centre Block of Parliament, where it would become an integral part of the panorama formed by the Ottawa River and the Gatineau Hills.

Installé sans cérémonie officielle à son arrivée à Ottawa en 1901, le monument fut placé à un endroit recommandé par David Ewart, architecte en chef des Travaux publics. Derrière lui, au sud-ouest, on aperçoit la tour Mackenzie, agrandie pendant que ce dernier était au pouvoir et où se trouvaient ses bureaux de premier ministre. Érigé juste au nord du monument à Cartier, ce monument a amorcé la tendance à installer les statues le long de la promenade panoramique derrière l'Édifice du Centre, où elles sont devenues partie intégrante du paysage formé par la rivière des Outaouais et les collines de la Gatineau.

Queen Victoria
(1819-1901)

La reine Victoria
(1819-1901)

Proposed in 1897, the monument to Queen Victoria on Parliament Hill was intended to honour the Queen on her Diamond Jubilee, the sixtieth year of her reign. An occasion which led to lavish and extended celebrations throughout the British Empire, the Jubilee also resulted in a knighthood (albeit unsought) for the Canadian Prime Minister, Sir Wilfrid Laurier. Part of the Jubilee Honours, it was bestowed on him during the magnificent celebrations held that year in London, where, as Prime Minister of a Dominion, he was given precedence over representatives from all of Britain's colonies. Indeed, as head of the Colonial procession, his carriage rode closely behind that of the Queen.

Proposé en 1897, le monument à la reine Victoria visait à commémorer sur la Colline du Parlement les soixante ans de règne de la monarque. Donnant lieu à de nombreuses célébrations grandioses dans tout l'Empire britannique, ce Jubilé de diamant constituait l'occasion rêvée pour élever Wilfrid Laurier, premier ministre du Canada, au rang de chevalier et lui faire ainsi un honneur inattendu. Conformément aux honneurs conférés pendant le Jubilé, Sir Wilfrid Laurier, à titre de premier ministre d'un dominion, eut donc préséance sur les représentants de toutes les colonies britanniques au cours des célébrations majestueuses qui se déroulèrent à Londres cette année-là. De fait, prenant la tête du défilé des colonies, son carrosse suivait de près celui de la reine.

Queen Victoria, 1897

La reine Victoria en 1897

One of the medals struck for Queen Victoria's Diamond Jubilee, 1897; by the British artist Frank Bowcher (obverse) (National Medal Collection, Public Archives of Canada)

Une des médailles frappées à l'occasion du Jubilé de diamant de la reine Victoria en 1897 par l'artiste britannique Frank Bowcher (avers) (Collection nationale de médailles, Archives publiques du Canada)

The Diamond Jubilee procession, London, England, June 22, 1897, with in the centre the carriage of Sir Wilfrid Laurier

Le défilé du Jubilé de diamant à Londres, le 22 juin 1897; au centre, le carrosse de Sir Wilfrid Laurier

While signifying to many a time of unprecedented achievement in such diverse areas as medicine, transportation, and law, those sixty years of stable reign had been particularly significant for Canada. As Laurier himself later declared, the rebellious Canadian colonies that the Queen had encountered in 1837, upon ascending to the throne, had flourished and grown by 1897 to become a great Dominion, covering one half of a continent "united, prosperous, and free." These advances, Laurier further maintained, were attributable in large part to the Queen herself: by introducing parliamentary constitutional government at home, she had been able to give it to her colonies — and thus could allow them to govern themselves.

Symbole pour plusieurs d'une période de réalisations inégalées dans des domaines aussi divers que la médecine, les transports et le droit, ces soixante ans de stabilité monarchique ont été particulièrement significatifs pour le Canada. Comme Laurier le déclarera lui-même par la suite, les colonies rebelles auxquelles la reine avait dû faire face lors de son accession au trône en 1837 s'étaient épanouies et étaient devenues un grand dominion ‹uni, prospère et libre›, s'étendant sur un demi-continent. Ces progrès, soutenait Laurier, étaient attribuables en grande partie à la reine elle-même : en instituant un gouvernement parlementaire constitutionnel chez elle, elle avait pu le donner aussi à ses colonies et leur permettre de se gouverner elles-mêmes.

Although a statue of a more youthful Queen Victoria already adorned the Library of Parliament, the prestigious nature of the Jubilee seemed to call for a more visible manifestation of esteem. Accordingly, a second monument was proposed, for placement on Parliament Hill. The capital, however, was not the only Canadian city inspired to mark the occasion in a permanent way: medals were struck, parks re-named, and new monuments made. In Montreal, for instance, several earlier memorials to the Queen were joined in 1897 by a Jubilee memorial fountain. Designed by the Quebec sculptor George William Hill, it was surmounted by a lion, while its pedestal was embellished with a variety of shields proclaiming the triumphs of civilization during the sixty years of her reign.

Même si une statue représentant une image de jeunesse de la reine Victoria ornait déjà la Bibliothèque du Parlement, la nature prestigieuse du Jubilé semblait nécessiter une manifestation d'estime encore plus visible. On proposa donc d'ériger un autre monument et de l'installer sur la Colline du Parlement. Mais la capitale ne fut pas la seule ville canadienne soucieuse de marquer l'occasion d'une manière permanente : des médailles furent frappées, des parcs changèrent de nom et de nouveaux monuments furent érigés. À Montréal, par exemple, une fontaine commémorative s'ajouta en 1897 à quelques autres monuments à la reine. Œuvre du sculpteur québécois George William Hill, cette fontaine est surmontée d'un lion et son piédestal est orné de divers écussons proclamant les triomphes de la civilisation pendant les soixante ans de règne de la reine Victoria.

Monument to Queen Victoria
(1903), Queen's Park,
Toronto

Monument à la reine Victoria
(1903), Queen's Park, Toronto

Monument to Queen Victoria
(1908), Hamilton, Ontario
(detail)

Monument à la reine Victoria
(1908), Hamilton, Ontario
(détail)

The competition for the Queen's memorial, like the one held concurrently for Alexander Mackenzie, was restricted to Canadian artists. British artists like Mario Raggi (who said that he had already made two statues of the Queen, "in anticipation of their being required for Jubilee memorials") were thus turned away. Other Canadian centres, however, were more responsive. Indeed, one of Raggi's statues of the Queen was installed in Toronto in 1903, while other British effigies of the monarch were erected across Canada. The capital, in fact, was one of the few Canadian cities to select a Canadian sculptor for its memorial to the Queen. (One of the others was Hamilton, Ontario, where a monument to her, by the Quebec sculptor Louis-Philippe Hébert, was unveiled on May 25, 1908). Also selecting Hébert, the capital accepted as his proposed theme the gratitude of the Canadian people "for political liberties obtained."

Le concours pour le monument à la Reine, tout comme celui qui avait lieu au même moment pour Alexander Mackenzie, ne s'adressait qu'aux artistes canadiens. Des artistes britanniques comme Mario Raggi (qui déclara avoir déjà exécuté deux statues de la Reine «en prévision des besoins que ferait naître le Jubilé») furent donc écartés. D'autres villes canadiennes accueillirent toutefois favorablement les œuvres étrangères. De fait, l'une des statues de Raggi fut installée à Toronto en 1903, tandis que d'autres œuvres britanniques se retrouvèrent d'un bout à l'autre du Canada. La capitale fut l'une des rares villes canadiennes à retenir les services d'un sculpteur canadien pour l'exécution de son monument à la reine. (Une autre fut Hamilton, où un monument du sculpteur québécois Louis-Philippe Hébert fut dévoilé le 25 mai 1908.) En plus de faire appel à Hébert, la capitale accepta le thème qu'il avait proposé de la gratitude du peuple canadien en raison «des libertés politiques obtenues».

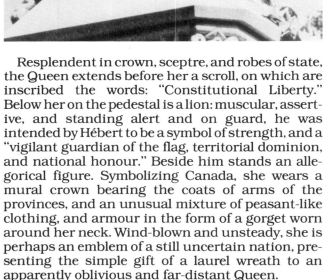

Resplendent in crown, sceptre, and robes of state, the Queen extends before her a scroll, on which are inscribed the words: "Constitutional Liberty." Below her on the pedestal is a lion: muscular, assertive, and standing alert and on guard, he was intended by Hébert to be a symbol of strength, and a "vigilant guardian of the flag, territorial dominion, and national honour." Beside him stands an allegorical figure. Symbolizing Canada, she wears a mural crown bearing the coats of arms of the provinces, and an unusual mixture of peasant-like clothing, and armour in the form of a gorget worn around her neck. Wind-blown and unsteady, she is perhaps an emblem of a still uncertain nation, presenting the simple gift of a laurel wreath to an apparently oblivious and far-distant Queen.

Resplendissante dans ses habits royaux, portant la couronne et tenant un sceptre, la Reine tend un parchemin sur lequel est écrit : ‹Constitutional Liberty› (Liberté constitutionnelle). Sur le piédestal se trouve un lion : musclé, sûr de lui, en éveil, Hébert voulait qu'il symbolise de la force et soit un ‹gardien vigilant du drapeau, du territoire et de l'honneur national›. Derrière ce lion se trouve une figure allégorique. Représentant le Canada, elle porte une couronne murale ornée des écussons héraldiques des provinces et un mélange inhabituel composé de vêtements d'allure paysanne et d'un hausse-col. Chancelante sous l'assaut du vent, elle symbolise peut-être un pays encore incertain, qui offre une simple couronne de laurier à une reine apparemment très distante et inconsciente de sa présence.

Monument to Queen Victoria,
Parliament Hill

Monument à la reine Victoria,
Colline du Parlement

43

Although displayed prominently at the Universal Exposition of 1900 that was being held in Paris, where Hébert was already working on the monument, the memorial to Queen Victoria proved to be more difficult to site in its permanent home. Hébert, in company with such distinguished figures as Sir Wilfrid Laurier and Sir Sandford Fleming, wanted for the monument a commanding and prestigious site: on the main axis of the approach to Parliament, preferably at a mid-point on the central path. The opposition, however, was strong, and the debates lively. In consequence, the Queen now stands on an elevated mound to the northwest of Parliament, from where she can survey the city which in 1859 she had chosen to be the capital of Canada.

Bien que mis en évidence à l'Exposition universelle de 1900 à Paris, où Hébert avait son atelier, le monument à la reine Victoria s'avéra plus difficile à installer en permanence. Hébert ainsi que des dignitaires tels que Sir Wilfrid Laurier et Sir Sandford Fleming voulaient que le monument occupe un emplacement éminent et prestigieux : sur l'axe principal de l'accès au Parlement, de préférence au milieu du sentier principal. Mais l'opposition fut vive et les débats, animés. Par conséquent, la reine se trouve maintenant sur un monticule au nord-ouest du Parlement, d'où elle peut contempler la ville qu'elle désigna comme capitale du Canada en 1859.

Unveiling ceremony of the
monument to Queen Victoria
on Parliament Hill

Cérémonie de dévoilement
du monument à la reine
Victoria sur la Colline du
Parlement

In accordance with the prestigious nature of the monument, the unveiling was timed to coincide with an equally elevated event: the Royal Tour of the Empire, undertaken in 1901 by the Duke and Duchess of Cornwall and York. Thus, on September 21, 1901, the Duke (the future King George V) unveiled the monument to his grandmother in a ceremony resonant with the pageantry of Empire. Encircled by the Governor General's Foot Guards, the monument was dedicated to the accompaniment of bands and cannons, while the presentation of military medals to Canadian veterans of the Boer War brought the ceremonies to a fitting conclusion.

En accord avec la nature prestigieuse du monument, le dévoilement coïncida avec un événement tout aussi grandiose, soit la tournée royale de l'Empire, entreprise en 1901 par le duc et la duchesse de Cornouailles et de York. Le 21 septembre 1901, le duc (futur roi George V) dévoila le monument honorant sa grand-mère au cours d'une cérémonie colorée tout à fait dans l'esprit du faste de l'Empire. Encerclé par le Governor General's Foot Guards, le monument fut inauguré au son des fanfares et des canons, tandis que la présentation de médailles militaires à des Canadiens ayant fait la guerre des Boers concluait dignement la cérémonie.

The Harper Memorial (Sir Galahad)

Le monument commémoratif Harper (Galaad)

Henry Albert Harper ("Bert"), c. 1900

Henry Albert Harper («Bert») vers 1900

(Top) William Lyon Mackenzie King ("Rex"), H.A. Burbidge ("Burb"); (Bottom) Norman Duncan, William Wilfred Campbell, n.d. King's friendship with the writer Norman Duncan also dated from his years at the University of Toronto.

(Haut) William Lyon Mackenzie King («Rex»), H.A. Burbidge («Burb») : (bas) Norman Duncan, William Wilfred Campbell, sans date. L'amitié liant King et l'écrivain Norman Duncan remonte également aux années d'université à Toronto

When he arrived in Ottawa in 1900, to become Deputy Minister of the newly formed Department of Labour, William Lyon Mackenzie King, who was later to become Canada's longest serving Prime Minister, encountered a number of friends from his undergraduate years at the University of Toronto. Among them were H.A. Burbidge and Henry Albert Harper, a young man from Cookstown, Ontario; others, like the poet William Wilfred Campbell, were new acquaintances in the capital. While King had gone on for further study in Toronto and the United States after graduating in 1895, Harper had pursued a career in journalism. Acting by 1900 as both parliamentary correspondent and city editor for a Montreal newspaper, he was thus a natural choice for King as his assistant editor on the Department's new publication, *The Labour Gazette.*

Lorsqu'il arriva à Ottawa en 1900 pour devenir sous-ministre du nouveau ministère du Travail, William Lyon Mackenzie King, qui allait devenir plus tard le premier ministre du Canada ayant dirigé le pays pendant le plus grand nombre d'années, retrouva des amis qu'il s'était fait pendant ses études de baccalauréat à l'Université de Toronto. Parmi eux se trouvaient H.A. Burbidge et Henry Albert Harper, un jeune homme de Cookstown, Ontario. D'autres, comme le poète William Wilfred Campbell, étaient de nouvelles connaissances. Alors que King avait poursuivi ses études à Toronto, puis aux États-Unis, après avoir obtenu son diplôme en 1895, Harper avait entrepris une carrière de journaliste. Correspondant parlementaire et chef de pupitre local pour un journal de Montréal en 1900, Harper était pour King un choix naturel au poste de rédacteur adjoint de la nouvelle publication ministérielle, *The Labour Gazette.*

William Lyon Mackenzie King, octobre 1905

William Lyon Mackenzie King, October 1905

Henry Albert Harper, c. 1901

Henry Albert Harper, vers 1901

(Left to right) back row: Jennie King (King's sister) and Mackenzie King with two unidentified children; front row: Henry Albert Harper, and Mrs. John King (King's mother), at Kingsmere, Quebec, c. 1901

(De gauche à droite) deuxième rangée : Jennie King (soeur de King) et Mackenzie King en compagnie de deux enfants non identifiés; première rangée : Henry Albert Harper et Mme John King (mère de King) à Kingsmere, Québec, vers 1901

While their new responsibilities demanded a more mature and professional appearance, their activities were not entirely career-oriented. During the summer months especially, they enjoyed the delights of the surrounding countryside. A particularly favourite place was near Kingsmere, Quebec, just across the Ottawa River from the capital; King, in fact, soon began to make purchases of land there, which would later grow to become his extensive country estate.

Même si leurs nouvelles responsabilités exigeaient un comportement mûr et professionnel, ces amis s'adonnaient à des activités dont la nature n'était pas exclusivement professionnelle. L'été tout particulièrement, ils aimaient profiter des beautés de la campagne environnante. Un de leurs endroits préférés se trouvait près de Kingsmere, Québec, sur l'autre rive de l'Outaouais tout près de la capitale. De fait, King se mit bientôt à y acheter des terrains et y établit plus tard son vaste domaine de campagne.

During the winter months, the two young men devoted much of their time to prolonged reading and intense debates in the rooms they shared together. One of their favourite authors was Alfred, Lord Tennyson, whose epic poem about the medieval King Arthur and his knights, entitled *Idylls of the King*, played a special role in providing them with an ideal of manly conduct. Deeply affected by the conditions of the working poor in industrial society, which both had observed and documented, they sought in their new roles to be knights of the 20th century: gallant, chivalrous, and dedicated to the selfless service of others. Harper, in fact, whose family included several church ministers, had even placed in his room a reproduction of his favourite painting: Sir Galahad.

L'hiver, les deux jeunes hommes consacraient beaucoup de temps à la lecture et à des discussions animées dans les chambres qu'ils partageaient. Un de leurs auteurs favoris était Alfred, Lord Tennyson, dont le poème épique sur le roi Arthur et ses chevaliers médiévaux intitulé *Les Idylles du roi* joua un rôle spécial dans leur vie en leur donnant un idéal de conduite. Profondément touchés par les conditions de travail difficiles des ouvriers dans la société industrielle, conditions qu'ils avaient tous deux observées et analysées, ils cherchaient à devenir des chevaliers du XXe siècle : galants, chevaleresques et dévoués au service désintéressé d'autrui. Harper, dont la famille comprenait quelques ministres du culte, avait même placé dans sa chambre une reproduction de sa toile favorite, représentant le chevalier Galaad.

Andrew G. Blair (top row, second from left) with his wife, daughters, other female relations, and Sydney Fisher, then Minister of Agriculture (top row, fourth from left), March 1899. The young woman standing on the far left is believed to be Bessie Blair.

Andrew G. Blair (rangée du haut, deuxième à gauche) en compagnie de sa femme, de ses filles, d'autres femmes de sa famille et de Sydney Fisher, alors ministre de l'Agriculture (rangée du haut, quatrième à gauche), en mars 1899. La jeune femme debout à l'extrême gauche pourrait être Bessie Blair.

The Governor General and his wife, Lord and Lady Minto, skating on the Ottawa River, December, 1901 (detail)

Le gouverneur général et sa dame, Lord et Lady Minto, patinant sur l'Outaouais, décembre 1901 (détail)

Winter also meant outdoor sports. Skating parties were especially popular, including those organized for select members of Ottawa society by the Governor General and his wife, Lord and Lady Minto. Among those favoured with such invitations were young debutantes like Bessie Blair, one of the daughters of Andrew G. Blair, a senior member of Cabinet in the administration of Sir Wilfrid Laurier. For more junior civil servants, however, the activity was equally enticing. Thus, after work on Friday, December 6, 1901, while acting as Deputy Minister during one of King's absences from the city, Harper went out to skate on the Ottawa River. On his way home, he apparently met and joined a group of young people coming from one of the Minto's skating parties near Rideau Hall. Moments later, however, the ice gave way; and Harper saw two of the group fall through the ice into the freezing water. While one young man reached safety, Bessie Blair was clearly drowning; and despite pleas from the others not to risk his life, Harper dived in to save her, exclaiming what else could he do. Their bodies were not recovered until the following morning.

L'hiver signifiait aussi la pratique de sports de plein air. Les parties de patinage étaient particulièrement populaires, notamment celles qu'organisaient pour l'élite de la société outaouaise le gouverneur général et sa dame, Lord et Lady Minto. Parmi ceux qui étaient conviés à ces festivités se trouvaient de jeunes débutantes comme Bessie Blair, l'une des filles d'Andrew G. Blair, ministre important du gouvernement de Sir Wilfrid Laurier. Mais les fonctionnaires de rang moins élevé participaient également à des activités tout aussi enlevantes. Ainsi, après le travail, le vendredi 6 décembre 1901, alors qu'il remplaçait le sous-ministre, King ayant dû s'absenter de la ville, Harper se rendit patiner sur l'Outaouais. À son retour, il rencontra un groupe de jeunes gens rentrant de l'une des parties de patinage organisées par les Minto près de la résidence du gouverneur général. Quelques instants plus tard, la glace céda et Harper vit un couple de patineurs de ce groupe s'enfoncer dans l'eau glacée. Le jeune homme réussit à s'en sortir, mais Bessie Blair était nettement en train de se noyer et, en dépit des exhortations à ne pas risquer sa vie, Harper plongea pour sauver la patineuse en s'exclamant qu'il ne pouvait faire autrement. Les corps des deux noyés ne furent repêchés que le lendemain matin.

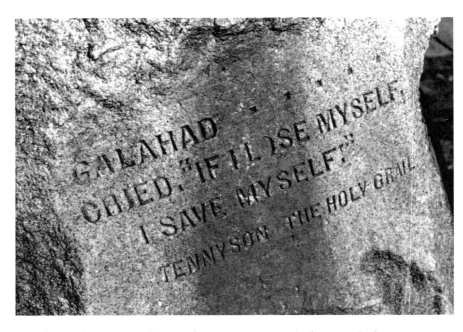

A model submitted to the Harper Memorial competition (1903) by an unidentified sculptor

Maquette présentée au concours en vue de l'érection du monument Harper (1903) par un sculpteur non identifié

Detail of pedestal of completed monument

Détail du piédestal du monument terminé

Within three days of the drowning, and on what would have been Harper's 28th birthday, a large group of citizens met in Ottawa City Hall to express their desire to commemorate Harper's gallantry. Serving on the committee appointed to oversee the project, King played an active role. He proposed, for instance, that the memorial should not be a portrait statue, but should derive its inspiration from Harper's favourite painting of Sir Galahad, thus taking instead "the form of a figure symbolical of heroism and nobility of character." In addition, the speech by Sir Galahad, which Harper's last words had so closely echoed, was to be inscribed on the monument.

Moins de trois jours après la noyade, le jour même où Harper aurait eu 28 ans, de nombreux citoyens se rendirent à l'hôtel de ville d'Ottawa afin d'exprimer leur désir de commémorer la galanterie du jeune homme. Membre du comité chargé de mener le projet à bien, King y joua un rôle actif. Ainsi, il proposa que le monument commémoratif ne devrait pas être un portrait mais s'inspirer plutôt de la toile du chevalier Galaad que Harper aimait tant et prendre ainsi ·la forme d'une illustration symbolique de l'héroïsme et de la noblesse de caractère·. De plus, la célèbre tirade de Galaad, dont les dernières paroles de Harper s'étaient sans conteste fait l'écho, devrait être inscrite sur le monument. Même si King et le comité dressèrent des listes exhaustives de sculpteurs canadiens et américains, ils ne purent recueillir beaucoup de fonds et seule une dizaine de concurrents se proposèrent. Néanmoins, l'une des propositions plût énormément. Il s'agissait de la maquette présentée par Ernest Wise Keyser, jeune sculpteur américain étudiant alors à Paris.

Winning model (1903) by
Ernest Wise Keyser

Maquette gagnante (1903),
par Ernest Wise Keyser

Keyser's revised model,
Paris, 1904

Maquette révisée de Keyser,
Paris, 1904

Photograph showing Key-
ser's completed model, New
York, 1905, with (on right) the
original maquette

Photo montrant la maquette
de Keyser achevée, New
York, 1905, ainsi que la
maquette originale (à droite)

Although King and the committee compiled extensive lists of both Canadian and American sculptors, they failed to raise a large sum of money; as a result, only about nine entries were received. Nonetheless, one of the entries delighted them: the model submitted by Ernest Wise Keyser, a young American sculptor then studying in Paris. Eager to succeed in his first major commission, Keyser quickly began work, undertaking a series of revisions, and a diligent study of antique armour. When the committee received photographs of his revised model, however, they were horrified. As King explained in a letter to the sculptor, the "whole mythical conception" had been lost: instead of the figure of a "lithe and graceful" young man, bearing only light armour (his "real armour being his own pure character"), Galahad now appeared "simply as an exhibition of so much armour," with a conspicuous and heavy sword. The figure, King lamented, had come to suggest "the warrior, rather than the knight." In addition, the face had changed: from that of a calm and fearless youth to that of a man, which "particularly about the forehead seems to convey a conception of agonized terror." Despite initial ill feeling, Keyser agreed to revise his model once more. To prove his faithfulness to the original maquette, he even sent the committee a photograph of the completed model, with the original model visible in the background for comparison.

Soucieux de réussir sa première commande importante, Keyser se mit rapidement au travail, apporta une série de révisions et réalisa une étude diligente des armures anciennes. Mais lorsque le comité reçut les photographies de sa maquette révisée, il fut horrifié. Comme King l'expliqua au sculpteur dans une lettre, «toute la conception mythique» était disparue; au lieu d'être un jeune homme «gracieux et agile», ne portant qu'une légère armure (sa «vraie armure étant seulement son caractère pur»), Galaad apparaissait «simplement cuirassé dans son armure» et portait une lourde épée bien en évidence. La statue en était venue, se plaignait King, à représenter «le guerrier plutôt que le chevalier». De plus, le visage avait changé et était passé du visage d'un jeune homme calme et ne craignant rien à celui d'un homme qui, «par son front surtout, semblait dégager une espèce de terreur agonique». Malgré quelque ressentiment au début, Keyser accepta de réviser sa maquette une fois de plus. Afin de prouver son respect de la maquette originale, il envoya même au comité une photo de la maquette terminée sur laquelle se voyait en arrière plan la maquette originale, aux fins de comparaison.

King was equally active on the subcommittee appointed to select a site. Resisting suggestions to place the monument in an isolated park, he fought vigorously for a central location; by preference, one on Parliament Hill, in the southeast corner of the grounds. Arguing that Harper had been a government employee at the time of his death, King tried hard to persuade the government that such a placement would thus be "a graceful recognition of the entire Civil Service." Although he failed in that endeavour, King did succeed in placing it close by: on the north side of Wellington, the street running directly in front of Parliament Hill. Originally, in fact, the memorial stood a little further to the east, on Wellington Street at the head of Metcalfe, which, although slightly off axis, then constituted the main ceremonial approach to Parliament from the south. (Placed on this doubly prestigious site, the memorial may also have been visible to King from his office in the Department of Labour on Metcalfe Street).

King participa également aux travaux du sous-comité chargé de trouver un emplacement pour le monument. Résistant aux suggestions d'ériger le monument dans un parc isolé, il lutta farouchement pour un emplacement central, de préférence sur la Colline du Parlement, à l'extrémité sud-est des pelouses. Soutenant que Harper était fonctionnaire au moment de son décès, King tenta de toutes ses forces de persuader le gouvernement qu'un tel endroit symboliserait •avec grâce, la reconnaissance face à l'ensemble de la fonction publique•. Il échoua dans cette démarche mais réussit à faire installer le monument tout près, du côté nord de la rue Wellington, qui passe devant la Colline du Parlement. De fait, au début, le monument se trouvait un peu plus à l'est sur la rue Wellington, à la hauteur de la rue Metcalfe qui, même si elle n'était pas tout à fait en ligne directe, constituait néanmoins sur le principal accès officiel au Parlement, en provenance du sud. (Placé à cet endroit doublement prestigieux, le monument était peut-être aussi visible du bureau que King occupait au ministère du Travail, sur la rue Metcalfe.)

Monument to Sir Arthur Doughty (1940), Ottawa; begun by R. Tait McKenzie and completed by Emanuel Hahn

Monument à Sir Arthur Doughty (1940), Ottawa; commencé par R. Tait McKenzie et achevé par Emmanuel Hahn

Mackenzie King joins the sculptor Ernest Wise Keyser and the poet Wilfred Campbell in posing with some of Harper's relatives after the unveiling in 1905; (left to right) Donald Ross, Harper's brother-in-law, mayor of Barrie; Mackenzie King; Dr. J. Harper, brother, Carbondale, Penn.; Keyser; William Harper, brother, architect, N.Y.; Campbell; Rev. Frank Harper, brother, Pickering; Rev. E.I. Hart, brother-in-law, Sault Ste. Marie

Mackenzie King se joint au sculpteur Ernest Wise Keyser et au poète Wilfred Campbell pour poser avec quelques membres de la famille Harper lors du dévoilement en 1905; de gauche à droite : Donald Ross, beau-frère de Harper et maire de Barrie; Mackenzie King; le Dr J. Harper, frère, Carbondale, Pennsylvanie; E.W. Keyser; William Harper, frère, architecte, New York; W.W. Campbell; rév. Frank Harper, frère, Pickering; rév. E.I. Hart, beau-frère, Sault-Ste-Marie

In the poem he had written on Harper's death, Wilfred Campbell had reflected on the outstanding achievements of otherwise ordinary people, speculating that perhaps "under all the brutish mask of life ... men are greater than they idly dream." In a similar spirit, King later honoured not only Harper, about whom he also wrote a book entitled *The Secret of Heroism*, but also other friends and colleagues whose lives of service he felt deserved greater recognition. Among them was Campbell himself, who in addition to being a poet, had been employed in the federal civil service for some 25 years. Following his death in 1918, King arranged for a funeral plot and a distinctive marker, while some 20 years later, in 1937, he commissioned a public monument to his old and treasured friend, Sir Arthur Doughty, who from 1904 to 1935 had served as Canada's first Dominion Archivist.

Dans le poème qu'il composa à la mort de Harper, Wilfred Campbell évoquait les réalisations exceptionnelles des gens ordinaires et avançait que peut-être «derrière le masque brutal de la vie... les hommes sont plus grands qu'ils ne s'imaginent». Dans la même veine, King honora plus tard non seulement Harper, qui lui inspira un livre intitulé *The Secret of Heroism*, mais aussi d'autres amis et collègues dont le dévouement de toute une vie méritait selon lui d'être reconnu à sa juste valeur. Parmi eux se trouvait Campbell lui-même, ce poète qui avait été fonctionnaire fédéral pendant plus de 25 ans. Après le décès de cet ami en 1918, King prit des dispositions pour l'enterrement et l'érection d'un monument funéraire. Vingt ans plus tard, en 1937, il commanda un monument public pour Sir Arthur Doughty, un vieil ami qu'il estimait beaucoup et qui, de 1904 à 1935, fut le premier archiviste du Dominion.

Funerary monument of William Wilfred Campbell, Beechwood Cemetery, Ottawa. Designed by the Canadian architect John Pearson, the memorial bench originally bore a bronze portrait plaque of Campbell (1906) by Canadian sculptor R. Tait McKenzie (National Medal Collection, Public Archives of Canada)

Monument funéraire de William Wilfred Campbell, cimetière Beechwood, Ottawa. Conçu par l'architecte John Pearson, le banc funéraire portait à l'origine une plaque en bronze à l'effigie de Campbell réalisée par le sculpteur canadien R. Tait McKenzie en 1906 (Collection nationale de médailles, Archives publiques du Canada)

While the dedication of Harper's memorial must have been an exciting moment for King, it may also have been an ambivalent one: those ideals of conduct which the monument commemorated had in the last years of their friendship become an increasing source of friction. Pragmatic, determined, business-like, ambitious, King had become irritated not only with Harper's lack of drive and occasional inefficiency, but also with his deeper and more reflective form of idealism, which they once had shared, but which King had since left behind. The memorial, then, was a farewell not only to a friend, but also to an earlier part of himself.

Même si l'inauguration du monument commémoratif en l'honneur de Harper fut probablement un moment excitant pour King, il fit peut-être naître aussi des sentiments partagés. En effet, cet idéal de conduite que le monument commémorait était devenu pendant les dernières années de l'amitié entre les deux hommes une source de friction de plus en plus grande. Pratique, déterminé, sérieux et ambitieux, King était devenu irrité non seulement par le manque d'efficacité et d'ambition de Harper mais aussi par l'idéalisme profond qu'ils avaient un jour partagé mais auquel il avait lui-même renoncé. Le monument commémoratif signifiait donc pour King non seulement un adieu à un ami, mais aussi à une époque de sa vie.

View of the Harper Memorial, 1905 (detail)

Vue du monument commémoratif Harper, 1905 (détail)

View of the unveiling ceremony; visible in the middle distance and to the left of the statue are (left to right): Mackenzie King, Lady and Sir Wilfrid Laurier, and Lord Grey

Vue de la cérémonie de dévoilement du monument; au milieu et à gauche de la statue (de gauche à droite), Mackenzie King, Mme Laurier, Sir Wilfrid Laurier et Lord Grey

The monument to Harper was dedicated on November 18, 1905, a Saturday afternoon with the snow already falling. While in his speech Canada's new Governor General, Lord Grey, expressed the hope that this memorial would be "only the first of a set of noble companions" on this potential *Via Sacra* in the capital, King took the occasion to present the monument officially to the federal government, on whose behalf it was accepted by the Prime Minister, Sir Wilfrid Laurier, as a "national monument in every sense of the word." As Grey unveiled the monument, the band of the Governor General's Foot Guards played "The Maple Leaf," and the sun came out from behind a cloud.

Le monument Harper fut inauguré le 18 novembre 1905, par un samedi après-midi déjà enneigé. Alors que dans son discours, le nouveau gouverneur général du Canada, Lord Grey, exprimait l'espoir que ce monument serait «le premier d'une série de nobles compagnons», sur ce qui pourrait devenir la Voie sacrée de la capitale, King profita de l'occasion pour présenter officiellement le monument au gouvernement fédéral, qui l'accepta par l'entremise du premier ministre, Sir Wilfrid Laurier, à titre de «monument national dans tous les sens du terme». Au moment où Lord Grey dévoila le monument, la fanfare du Governor General's Foot Guards joua «La feuille d'érable» et le soleil perça les nuages.

Robert Baldwin
(1804-1858)

Sir Louis-Hippolyte
Lafontaine
(1807-1864)

LA FONTAINE REVENDIQUE LES DROITS DE LA
LANGUE FRANÇAISE AU PARLEMENT DU CANADA 1842

SIR LOUIS HIPPOLYTE LA FONTAINE
1807 – 1864

PÈRE DU GOUVERNEMENT RESPONSABLE
DÉFENSEUR DE LA LANGUE FRANÇAISE
AU PARLEMENT DU CANADA
MAGISTRAT ET HISTORIEN

Plaquette commemorating
Lafontaine's 1842 speech
(20th century); designer: J.B.
Lagacé; sculptor: Raymond
Delamarre (National Medal
Collection, Public Archives
of Canada)

Plaquette commémorant le
discours prononcé par
Lafontaine en 1842 (XXᵉ
siècle); concepteur : J.B.
Lagacé; sculpteur : Raymond
Delamarre (Collection nationale de médailles, Archives
publiques du Canada)

Monument to Baldwin and
Lafontaine, Parliament Hill

Monument à Baldwin et
Lafontaine, Colline du
Parlement

The only monument on Parliament Hill to commemorate two statesmen in a single memorial is the one dedicated to Robert Baldwin and Sir Louis-Hippolyte Lafontaine, two of the pivotal figures in the peaceful movement toward responsible government in pre-Confederation Canada. This emphasis on their joint contribution is, however, rare. As early as 1866, for instance, Sir John A. Macdonald had proposed that a bust of Baldwin be placed in Parliament, while in 1930, a monument was erected in Montreal to Lafontaine alone. Even when both men were honoured, as on the façade of the Quebec legislature, they were not placed together, but joined a host of other figures from the history of French Canada, including Lord Elgin, one of the Governors General who played a vital role in their negotiations. On still other occasions, specific achievements were stressed, such as Lafontaine's insistence on speaking French in the Assembly, a stand which was partially responsible for the acceptance of the use of French, as well as English, in the official proceedings of the legislature.

Le seul monument sur la Colline du Parlement à commémorer deux hommes d'État en même temps est consacré à Robert Baldwin et Sir Louis-Hippolyte Lafontaine, deux pivots du mouvement pacifique vers l'instauration d'un gouvernement responsable au Canada. Cet accent placé sur la double contribution de ces précurseurs de la Confédération est toutefois assez rare. Dès 1866, Sir John A. Macdonald proposa de placer un buste de Baldwin au Parlement, tandis qu'en 1930, on érigeait à Montréal un monument en l'honneur de Lafontaine seulement. Même lorsque les deux hommes sont honorés, comme sur la façade de l'Assemblée nationale du Québec, ils ne sont pas placés ensemble, mais accompagnent plutôt d'autres grandes personnalités de l'histoire du Canada-français et notamment Lord Elgin, l'un des gouverneurs généraux qui joua un rôle vital dans les négociations de Baldwin et Lafontaine. À d'autres occasions, des réalisations précises sont soulignées, telles que l'insistance de Lafontaine à parler français à l'Assemblée, position qui a contribué à faire accepter et utiliser le français et l'anglais dans les comptes rendus officiels du Parlement.

Sir Louis-Hippolyte
Lafontaine

Sir Louis-Hippolyte
Lafontaine

Robert Baldwin

Robert Baldwin

Despite repeated attempts by the Quebec sculptor Louis-Philippe Hébert to persuade the government to budget for a memorial to the two men, it was not until Lafontaine's centenary in 1907 that action was finally taken. While the occasion was marked by the publication of several studies on Lafontaine and his period, the most vigorous support for the monument came from an unexpected source — the passionate commitment to the ideals and unity of the British Empire held by the Governor General, Lord Grey.

En dépit des tentatives répétées du sculpteur québécois Louis-Philippe Hébert de convaincre le gouvernement d'accorder un budget pour l'érection d'un monument commémoratif en l'honneur des deux hommes, le gouvernement ne passa à l'action qu'au centenaire de la naissance de Lafontaine, en 1907. Bien que l'occasion fût marquée par la publication de quelques études sur Lafontaine et son époque, l'appui le plus vigoureux au monument vint d'une source inattendue — l'engagement passionné du gouverneur général, Lord Grey, face aux idéaux et à l'unité de l'Empire britannique.

The Governor General Lord Grey in his study at Rideau Hall, June 1909 (detail)

Le gouverneur général Grey dans son bureau de la résidence du gouverneur général, juin 1909 (détail)

Like many of his generation, Grey was firmly persuaded of the efficacy of symbolic gesture, particularly in its most visible and permanent form: that of the public monument. Epitomizing those ideals of service and peaceful collaboration between differing peoples which had formed the foundations of the British Empire, Baldwin and Lafontaine were for Grey especially worthy of public honour. Specifically, a monument commemorating their collaboration could serve as Canada's message of encouragement to similar efforts towards union then taking place in South Africa. After reading a newspaper account which hinted that two representatives of divergent groups in South Africa were moving towards union, Grey advocated such a gesture with renewed vigour, writing eloquent letters in its favour to Laurier, influential Canadian officials, and even his counterpart in South Africa, Lord Selborne. (Ever mindful of the role that a Governor General could play, Grey even suggested in his letter to Selborne that the memorial might also feature Lord Elgin, their counterpart in those earlier negotiations).

Comme bon nombre de représentants de sa génération, Lord Grey croyait fermement à l'efficacité des gestes symboliques et tout particulièrement à leur expression dans leur forme la plus visible et la plus permanente, celle d'un monument public. Personnifiant ces idéaux de service et de collaboration pacifique entre les différents peuples qui avaient formé l'Empire britannique, Baldwin et Lafontaine étaient, aux yeux de Lord Grey, particulièrement dignes d'un hommage public. De fait, un monument commémorant leur collaboration pourrait constituer un signe d'appui du Canada aux efforts semblables d'unification qui se déployaient à ce moment-là en Afrique du Sud. Après avoir lu un article de journal signalant que deux représentants de groupes divergents en Afrique du Sud se dirigeaient vers l'union, Lord Grey plaida avec une ferveur renouvelée pour l'érection du monument, écrivant à Laurier, à des Canadiens influents et même à son homologue en Afrique du Sud, Lord Selborne. (Tout à fait conscient du rôle que peut jouer le gouverneur général, Lord Grey suggéra adroitement dans sa lettre à Shelborne que le monument commémoratif pourrait aussi représenter Lord Elgin, leur homologue ayant participé aux négociations de Baldwin et Lafontaine.)

Walter Seymour Allward

Walter Seymour Allward

Monument to Alexander Graham Bell by W.S. Allward, Brantford, Ontario, with in the foreground the Bell Memorial Committee and Alexander Graham Bell (fourth from left), at the time of the unveiling, October 24, 1917

Monument à Alexander Graham Bell, par W.S. Allward, Brantford, Ontario; au premier plan, le Comité du monument Bell et Alexander Graham Bell (quatrième à gauche) lors du dévoilement, 24 octobre 1917

Whether in response to the urgings of Lord Grey or for more general reasons, the funds for a monument to Baldwin and Lafontaine were finally voted in Parliament within weeks of his initiatives; indeed, even South Africa achieved Union by 1910, some four years before the memorial was completed. Organized by the Advisory Arts Council, a new structure formed in April of 1907 to advise the government on matters relating to art, the competition was limited to Canadian artists. Of the nine models received, however, the Council's unanimous choice was that of the Toronto sculptor, Walter Seymour Allward.

Que ce soit en réponse aux exhortations de Lord Grey ou pour des raisons plus générales, les fonds permettant d'ériger un monument à Baldwin et Lafontaine furent finalement débloqués par le Parlement dans les semaines qui suivirent les démarches du gouverneur général. L'Afrique du Sud devint une Union en 1910, quelque quatre ans après que le monument ne fut achevé. Organisé par le Conseil consultatif des arts, un nouvel organisme créé en 1907 pour conseiller le gouvernement sur les questions d'ordre artistique, le concours se limitait aux artistes canadiens. Des neuf maquettes reçues, le choix unanime du Conseil se porta sur celle qu'avait présentée le sculpteur torontois Walter Seymour Allward.

Vimy Ridge Memorial (completed 1936), France

Monument commémoratif érigé à Vimy (achevé en 1936), France

Already an accomplished sculptor, with such monuments at the provincial legislature in Toronto as those to Governor Simcoe, Oliver Mowat, and the Northwest Rebellion, Allward chose in this memorial to incorporate for the first time an ambitious architectural element: a long, curved, wall-like pedestal, which gave his monument a new horizontal and spatial dimension. A concept he may have derived from other monuments, such as the Admiral Farragut memorial in New York (by Augustus Saint-Gaudens, 1881), it was developed further in his memorial to Alexander Graham Bell, on which he was then working, and reached perhaps its ultimate conclusion in his memorial in France at Vimy Ridge. There, the wall finally takes precedence over the figure; appropriately, on it are carved the names of 11,285 Canadians who died in the First World War, and for whom there is no known grave.

Déjà sculpteur accompli ayant réalisé à Toronto pour l'Assemblée législative provinciale des monuments en l'honneur du gouverneur Simcoe, d'Oliver Mowat et de la rébellion du Nord-Ouest, Allward choisit d'incorporer pour la première fois un élément architectural ambitieux, c'est-à-dire un long piédestal incurvé faisant penser à un mur et qui donna à son monument une nouvelle dimension horizontale et spatiale. S'inspirant peut-être d'autres monuments tels que le monument commémoratif à l'amiral Farragut à New York (œuvre de Augustus Saint-Gaudens, 1881), il reprit ce concept dans son monument à Alexander Graham Bell, sur lequel il travaillait à ce moment-là et le porta probablement à un sommet dans son monument commémoratif érigé à Vimy, France. Sur le mur, plus imposant que les statues, sont gravés fort à propos les noms des 11 285 Canadiens tombés sous les drapeaux pendant la Première Guerre mondiale et qui n'ont pas de sépulture connue.

The monument was installed without ceremony in May of 1914, on a site at the northeast extremity of the grounds, where a small gun once stood. There, the two leaders join in quiet colloquy, perhaps discussing one of the documents on responsible government prepared during their second, or 'Great Ministry,' whose dates of 1848 to 1851 are carved in the pedestal below them, along with a crown and a fleur-de-lis. Extending over the wall behind them is a bronze map, with on it the words DOMINION OF CANADA, ONTARIO, and QUEBEC, while below them on the front of the pedestal are low relief carvings, for which Allward felt the Tennessee marble he had chosen was especially suited. Below Baldwin reclines a partially clothed female figure. Representing Upper Canada, she is associated with a plow, while across from her a similar figure, beside the prow of a ship, is identified as BAS CANADA (LOWER CANADA). Beneath them is a curved bench, while on the ends of the wall to either side are carved a mace (left) and a downturned sword (right). According to Allward, they were to represent the symbol of government and the sword of justice — appropriate emblems for the ideals to which these two statesmen were dedicated.

Le monument fut installé sans cérémonie officielle en mai 1914, tout à fait au nord-est des pelouses, où se trouvait autrefois un petit canon. À cet endroit, les deux dirigeants se retrouvent paisiblement, peut-être pour discuter de l'un de ces documents sur le gouvernement responsable rédigés pendant leur second «grand ministère» de 1848 à 1851, puisque ces dates sont gravées sur le piédestal ainsi qu'une couronne et une fleur de lys. Se prolongeant au-dessus du mur derrière eux se trouve une carte en bronze portant l'inscription Dominion of Canada, Ontario et Quebec, tandis que sur le devant du piédestal Allward a gravé des bas-reliefs sur du marbre du Tennessee, un matériau tout à fait indiqué selon le sculpteur. Sous Baldwin, un personnage féminin partiellement vêtu est allongé. Représentant le Haut-Canada, cette figure s'accompagne d'une charrue, tandis que de l'autre côté un personnage semblable à côté de la proue d'un navire représente le Bas-Canada. Sous ces personnages, Allward a placé un banc incurvé et aux deux extrémités du mur, il a gravé une massue (gauche) et une épée pointée vers le bas (droite), afin de symboliser le gouvernement et l'épée de la justice, des emblèmes qui conviennent tout à fait aux idéaux défendus par les deux hommes honorés.

Early view of the monuments
to Sir John A. Macdonald
(right) and to Baldwin and
Lafontaine, n.d.

Vue ancienne des monu-
ments à Sir John A.
Macdonald (droite) ainsi que
Baldwin et Lafontaine, sans
date

Early view of the monument
to Baldwin and Lafontaine,
Parliament Hill, n.d.

Vue ancienne du monument
Baldwin-Lafontaine, Colline
du Parlement, sans date

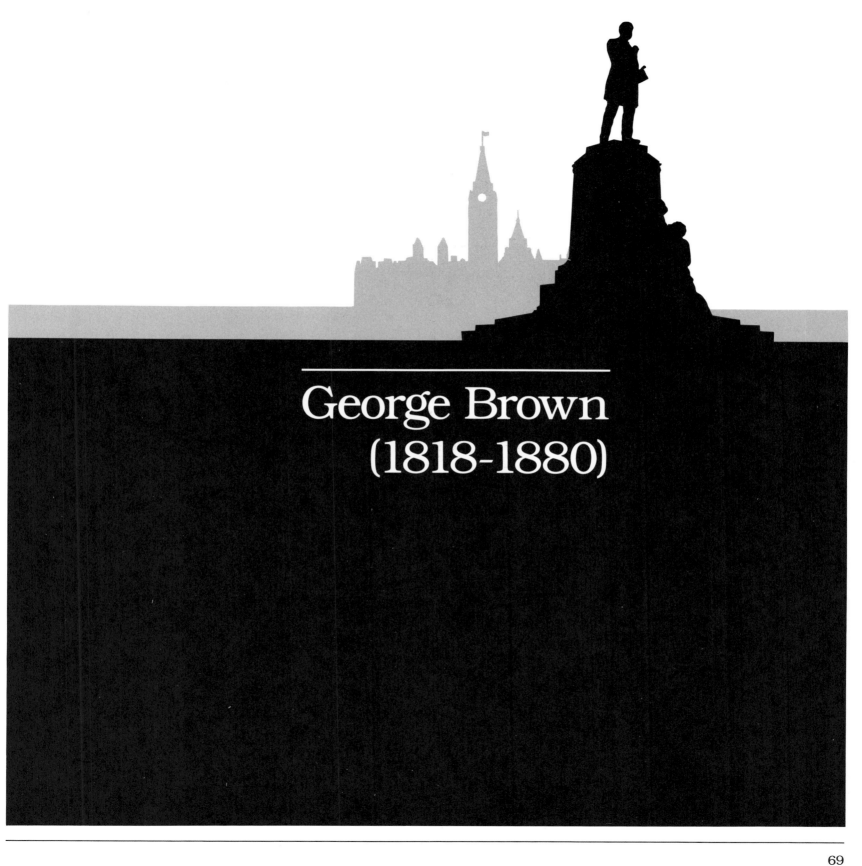

George Brown
(1818-1880)

A dynamic newspaper editor and politician, the Scottish-born George Brown first became active in the political life of his adopted country in 1844, only a year after his arrival in Toronto. Founding a newspaper there called the *Globe*, he soon lent its support to the cause of responsible government, and later to the movement for Confederation, which he also supported as a Member of the Assembly. To further its cause, he even formed a coalition in 1864 with the Conservatives. In 1880, however, he was shot by a dismissed employee outside the Toronto offices of the *Globe*, and died shortly after of the ensuing complications.

D irecteur de journal et politicien dynamique, George Brown, ce Canadien d'origine écossaise, a commencé en 1844 à s'intéresser à la politique dans son pays d'adoption, un an à peine après son arrivée à Toronto. Fondateur d'un journal appelé le *Globe*, il appuie rapidement la cause du gouvernement responsable, puis du mouvement en faveur de la Confédération, qu'il soutient également en tant que membre de l'Assemblée. Afin de renforcer cette cause, il forme même en 1864 une coalition avec les conservateurs. Mais en 1880, il est tiré à bout portant par un employé congédié, devant les bureaux du *Globe* à Toronto et meurt des suites de ses blessures.

George Brown, c. 1880

George Brown, vers 1880

Bust of George Brown (plaster; 1880-1882) by Canadian sculptor Frederick Alexander Turner Dunbar (Government of Ontario Art Collection, Queen's Park, Toronto)

Buste de George Brown (plâtre, 1880-1882) par le sculpteur canadien Frederick Alexander Turner Dunbar (Collection d'œuvres d'art du gouvernement de l'Ontario, Queen's Park, Toronto)

Monument to George Brown (1884) by British sculptor Charles Bell Birch, Queen's Park, Toronto, n.d. (detail)

Monument à George Brown (1884) par le sculpteur britannique Charles Bell Birch, Queen's Park, Toronto, sans date (détail)

By means of an active campaign of fund-raising through public subscription, a monument in honour of Brown had been erected in Toronto by 1884, only four years after his death. In addition, a bust of him was purchased by the Ontario government for display in its Educational Museum. At the federal level, however, although the need for a monument to Brown had been discussed as early as 1881, a competition was not held until 1909. At that time, it was announced along with one for a similar memorial to Thomas D'Arcy McGee, another noted speaker and writer who had supported Confederation, and who had met with violent death.

Grâce à une active campagne de financement public, un monument en l'honneur de Brown fut érigé à Toronto en 1884, quatre ans à peine après la mort de ce Canadien illustre. De plus, le gouvernement de l'Ontario acheta un buste qu'il exposa dans son Musée de l'éducation. Au niveau fédéral cependant, même si la nécessité d'ériger un monument à Brown fut discutée dès 1881, le concours n'eut lieu qu'en 1909, en même temps que le concours concernant un monument semblable en l'honneur de Thomas D'Arcy McGee, autre orateur et journaliste qui avait appuyé la Confédération et qui mourut lui aussi de mort violente.

Monument to Sir George-Etienne Cartier (1919), Montreal, by G.W. Hill

Monument à Sir George-Étienne Cartier (1919), Montréal, de G.W. Hill

George William Hill

George William Hill

Organized by the Advisory Arts Council and limited to Canadian artists, both competitions were won by the Quebec sculptor George William Hill, who worked on both monuments at his studio in Belgium. The sculptor of the Montreal memorial to the Boer War, Hill would later receive such major commissions as the monument to Sir George-Etienne Cartier in Mount Royal, while his memorials to the First World War were so popular that they can be found from Ontario to the Maritimes.

Organisés par le Conseil consultatif des arts et ne s'adressant qu'aux artistes canadiens, les deux concours furent remportés par le sculpteur québécois George William Hill. Sculpteur du monument commémoratif à la guerre des Boers érigé à Montréal, Hill devait recevoir par la suite des commandes importantes telles que celle du monument à Sir George-Étienne Cartier à Mont-Royal. Ses monuments commémorant la Première Guerre mondiale furent si populaires qu'on peut en trouver de l'Ontario jusqu'aux Maritimes.

Installed without ceremony upon its arrival in Canada in 1913, the monument was placed to the north of the statue of Alexander Mackenzie, a site selected for it by the Advisory Arts Council. While continuing that orderly and measured procession of statuary on the promenade behind Parliament, the placement of Brown next to Mackenzie was particularly appropriate. Both born in Scotland (Brown in 1818, Mackenzie in 1822), the two men were active in journalism as well as politics in their new country, and were of similar political persuasion. Mackenzie, in fact, had supported Brown in his early political career; had succeeded him as Liberal leader; had appointed him to the Senate; and in his retirement had written a book about him. Although commissioned at the same time as the monument to D'Arcy McGee, the memorial to George Brown is thus an equally fitting companion for that of Alexander Mackenzie.

Fabriqué dans l'atelier de Hill en Belgique et installé sans cérémonie officielle à son arrivée au Canada en 1913, le monument fut placé au nord de la statue d'Alexander Mackenzie, sur l'emplacement désigné par le Conseil consultatif des arts. Tout en ajoutant un élément au défilé mesuré et ordonné de statues le long de la promenade derrière le Parlement, la statue de Brown se retrouvait à un endroit particulièrement bien désigné. Tous deux nés en Écosse (Brown en 1818 et Mackenzie en 1822), Brown et Mackenzie ont fait carrière en journalisme et en politique dans leur pays d'adoption et avaient plus ou moins les mêmes convictions politiques. De fait, Mackenzie appuya même Brown au début de sa carrière politique, lui succéda à la tête des libéraux et le nomma sénateur. À sa retraite, il rédigea un livre sur Brown. Commandé en même temps que le monument à D'Arcy McGee, le monument à George Brown devenait donc un compagnon idéal à celui qui honorait déjà Alexander Mackenzie.

View of the monuments (left to right) to Sir George-Etienne Cartier, Alexander Mackenzie, and George Brown, n.d.

Vue des monuments (de gauche à droite) à Sir George-Étienne Cartier, Alexander Mackenzie et George Brown, sans date

Depicting Brown as "a debater," Hill presents him as a forceful and dramatic presence. In both stance and gesture, Brown radiates that energy, vigour, and determination which characterized his career as both journalist and politician. On the pedestal, Hill has placed a youthful male figure, whose curly hair and rough, simple clothing contrast sharply with the more dapper and urbane figure above him. Identified by Hill as a "workman," he was intended as "a symbol of the affection of the people of this country for the foremost champion of the principles of free Government." In addition, the sword placed on the ballot box symbolized "the fight that had been necessary in order to win it." By placing on the scroll "the confirmation of those rights" — GOVERNMENT BY THE PEOPLE, FREE INSTITUTIONS, RELIGIOUS LIBERTY AND EQUALITY, and UNITY AND PROGRESS OF CONFEDERATION — Hill has emphasized as Brown's importance to Canada his role as a champion of responsible government.

Montrant Brown dans une attitude d'argumentateur, Hill lui donne une présence énergique et spectaculaire. Tant par la pose que par le geste, Brown dégage cette énergie, cette vigueur et cette détermination qui ont caractérisé sa carrière de journaliste et de politicien. Sur le piédestal, Hill a placé un jeune personnage masculin, dont les cheveux frisés et les vêtements simples et rustiques contrastent fortement avec l'allure soignée et citadine de Brown. Identifié par Hill comme un ‹ouvrier›, il symbolise ‹l'affection des gens de ce pays pour le champion des principes de la liberté parlementaire›. L'épée placée sur la boîte de scrutin symbolise pour sa part ‹la lutte nécessaire pour obtenir cette liberté›. En plaçant sur le parchemin la ‹confirmation de ces droits› par les inscriptions Government by the people (gouvernement par le peuple), Free institutions (institutions libérales), Religious liberty and equality (liberté et égalité religieuses) et Unity and progress of Confederation (unité et progrès de la Confédération), Hill a fait ressortir l'importance de Brown pour le Canada à titre de défenseur du gouvernement responsable.

Monument to George Brown,
Parliament Hill

Monument à George Brown,
Colline du Parlement

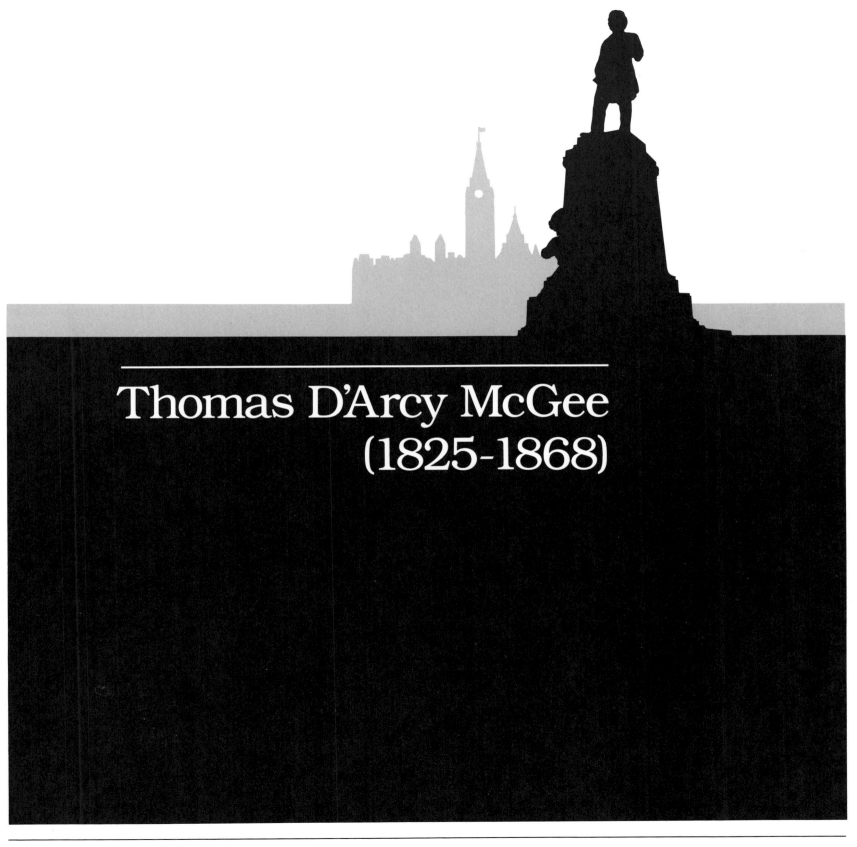

Thomas D'Arcy McGee
(1825-1868)

Although he spent only the last 11 years of his life in Canada, the Irish-born Thomas D'Arcy McGee was among the most vigorous supporters of Canadian Confederation. Noted as both an excellent speaker and a consummate writer of prose and poetry, McGee also lent his eloquence to other causes, including speaking out against the Fenians, a group of Irish Americans who sought in the 1860's to invade Canada. Thus, when on April 7, 1868, he was shot and killed while returning to his Ottawa residence on Sparks Street, after an evening debate in Parliament, many believed his assassin to have been a Fenian.

Même s'il ne passa que les onze dernières années de sa vie au Canada, Thomas D'Arcy McGee fut l'un des plus ardents défenseurs de la Confédération canadienne. D'origine irlandaise, cet excellent orateur et écrivain accompli prêta aussi son éloquence à d'autres causes, notamment en s'opposant aux Fenians, ces Américains eux aussi originaires d'Irlande qui tentèrent d'envahir le Canada dans les années 1860. C'est ainsi que lorsqu'il fut abattu sur la rue Sparks dans la soirée du 7 avril 1868, au moment où il rentrait chez lui après un débat au Parlement, nombreux furent ceux qui crurent un Fenian coupable de cet assassinat.

Thomas D'Arcy McGee

Thomas D'Arcy McGee

The strong feelings aroused by McGee and his assassination led to repeated suggestions that a memorial be erected to him in the capital: public addresses, letters to the editor, requests to members of Parliament, and debates in the House of Commons, all urged the necessity of this form of recognition. When in 1909 the competition for such a memorial was at last announced, it was held concurrently with one for George Brown, another advocate of Confederation who had met with a violent and premature death. Organized by the Advisory Arts Council, and limited to Canadian participation, both competitions were won by the Quebec sculptor, George William Hill.

Les vifs sentiments provoqués par l'assassinat de McGee donnèrent lieu à des suggestions répétées qu'un monument commémoratif soit érigé dans la capitale. Interventions publiques, lettres à la rédaction, demandes auprès des députés et débats à la Chambre des communes, tous ces moyens de pression soulignaient la nécessité de cette forme de reconnaissance. Lorsqu'en 1909 le concours en vue de l'érection d'un tel monument fut enfin annoncé, il se déroula en même temps que le concours pour le monument dédié à George Brown, cet autre défenseur de la Confédération qui avait lui aussi subi une mort violente et inopinée. Organisés par le Conseil consultatif des arts et s'adressant uniquement aux sculpteurs canadiens, les deux concours furent remportés par le sculpteur québécois George William Hill.

Funeral procession of McGee, Montreal, April 13, 1868 (detail)

Procession funéraire de McGee, Montréal, 13 avril 1868 (détail)

As Hill explained, his aim in the monument was "to express the Oratorical and Poetical genius of the great Irishman." In particular, he sought to illustrate "the employment of his oratory in the cause of Confederation, as exemplified in the last speech he delivered in the Canadian Parliament." Hill thus chose to represent McGee not only in a "characteristic attitude," but also in "the act of making an address." To accompany McGee, Hill placed on the pedestal a seated female figure. Intended by Hill to represent Memory, she is shown "listening as it were to the address on Confederation," a theme echoed by the scroll, on which the word CONFEDERATION appears, as well as by its attendant maple leaves.

Comme Hill l'expliqua, son monument visait ‹à exprimer le génie oratoire et poétique de cet Irlandais éminent›. Il cherchait tout particulièrement à illustrer comment McGee avait mis ‹ses talents d'orateur au service de la cause de la Confédération dans son dernier discours au Parlement canadien›. Hill choisit donc de montrer McGee non seulement dans une ‹attitude caractéristique› mais aussi ‹en train de prononcer un discours›. Pour accompagner McGee, Hill plaça sur le piédestal une statue d'un personnage féminin assis, qui symbolise la Mémoire et qui ‹semble écouter le discours sur la Confédération›, thème qu'évoquent également les feuilles d'érable et le parchemin sur lequel est écrit Confédération.

Detail of monument

Détail du monument

Monument to Thomas D'Arcy
McGee, Parliament Hill

Monument à Thomas D'Arcy
McGee, Colline du Parlement

While the choice of an appropriate sculptor for the monument seems not to have been a difficult one, the selection of its permanent site was more problematic. The debate over its location seems first to have been opened by Sir Wilfrid Laurier, who proposed in 1909 that McGee's monument be placed in the new plaza then being planned for the city. To be created between the Dufferin and Sappers' Bridges, it was to be flanked on either side by the grand façades of the Chateau Laurier and the new railway station. Surely it would be appropriate, Laurier argued, that the first statue to greet those arriving in the city by train should be that of the man who had "for his convictions given the sacrifice of his life."

Même si le choix d'un sculpteur pour réaliser le monument ne semble pas avoir été une tâche difficile, le choix de l'emplacement permanent fut plus problématique. Le débat semble avoir été amorcé par Sir Wilfrid Laurier, qui proposa en 1909 que le monument à McGee fût érigé sur la nouvelle ·Plaza· prévue dans la ville. Située entre les ponts Dufferin et des Sapeurs, cette place devait être flanquée des façades majestueuses du Château Laurier et de la nouvelle gare de chemins de fer. Il serait certainement approprié, soutenait Laurier, que la première statue accueillant les passagers débarquant en ville représente l'homme qui, ·à cause de ses convictions, avait dû payer de sa vie·.

Later versions of the figures for the King Edward VII monument, by W.S. Allward: Truth (with sword; plaster, 1917); Justice (with book; cast in bronze in 1923); and Truth (reclining; plaster, 1917)

Quelques variantes des figures pour le monument du roi Édouard VII par W.S. Allward: la Vérité (avec épée, plâtre, 1917), la Justice (avec livre, coulée en bronze, 1923), et la Paix (couchant, plâtre, 1917)

The response to Laurier's suggestion was varied. Some regarded a Parliament Hill location as more prestigious, while others found it more belittling (fearing that the memorial would be placed behind Centre Block, one Cabinet Minister even spoke of it as an Orange plot). In addition, other monuments vied with McGee's for the Plaza. By 1910, however, the main contender was a memorial (preferably equestrian) to the recently deceased King Edward VII. First supported for a Plaza site by William Lyon Mackenzie King (despite efforts at dissuasion by Laurier), and then for a location on Parliament Hill, the memorial to Edward VII was, in fact, never completed. Although Mackenzie King tried for nearly 30 years to bring it to completion (interrupted by the First World War, it was then plagued by related delays), only its figures of Truth and Justice were ever cast in bronze. Finally installed only in the 1970's, they were placed, appropriately, on the façade of the Supreme Court of Canada.

La réaction à la suggestion de Laurier fut variée. D'aucuns considéraient qu'un endroit sur la Colline du Parlement serait plus prestigieux, tandis que d'autres croyaient le contraire (craignant que le monument ne soit placé derrière l'Édifice du Centre, un ministre avança même qu'il s'agissait d'un complot orangiste). De plus, d'autres monuments étaient en lice pour une installation sur la place. En 1910 toutefois, le principal rival devint un monument commémoratif (équestre de préférence) en l'honneur du roi Édouard VII, qui venait de mourir. Recevant d'abord l'appui de William Lyon Mackenzie King en faveur de l'érection sur la ‹Plaza› (malgré les efforts de dissuasion de Laurier), puis d'un emplacement sur la Colline du Parlement, le monument à Édouard VII ne fut jamais terminé. Même si Mackenzie King tenta pendant près de 30 ans de le faire achever (interrompue par la Première Guerre mondiale, la réalisation de ce monument fut ensuite retardée à maintes reprises), seules les figures de la Vérité et de la Justice ont été coulées dans le bronze. Ces statues ont été installées dans les années 70 seulement sur la façade de la Cour suprême du Canada, un endroit tout désigné.

Model for the monument to King Edward VII (1912) by W.S. Allward, with the figure of King Edward on the right, Truth and Justice on the left, and Peace reclining along the top

Maquette du monument au roi Édouard VII (1912) par W.S. Allward; la statue d'Édouard est à droite, la Justice et la Vérité sont à gauche et la Paix est étendue sur le haut

Although it was also disrupted by the First World War, the effects on the McGee monument were less devastating. By deciding in 1913 to retain the statue in Belgium (at the last minute he dismounted the head, and remodelled it four times), Hill jeopardized both its completion and its safety. Once the war had begun, in fact, the fate of the monument was not known until 1919, when Hill learned that during the war it had been kept safely hidden by his foundry.

Même s'il a lui aussi été perturbé par la Première Guerre mondiale, le monument à McGee n'a pas subi un aussi triste sort. En décidant en 1913 de garder la statue en Belgique (à la dernière minute, il avait démonté la tête et l'avait remodelé quatre fois), Hill compromit son achèvement et sa sécurité. La guerre se déclara et le sort du monument ne fut connu qu'en 1919, lorsque Hill découvrit que la fonderie l'avait caché en lieu sûr.

Detail of monument

Détail du monument

Reconstruction of the Centre
Block of Parliament, August
10, 1916, showing the Library
of Parliament still standing

Reconstruction de l'Édifice
du Centre, 10 août 1916,
montrant la Bibliothèque du
Parlement encore debout

By the time the McGee statue was ready to return to Canada, however, the site that had eventually been selected for it by the Advisory Arts Council was no longer viable. To the northeast of the monument to Brown, it was to have been the fourth in the row of statues lining the avenue behind Centre Block. In 1916, however, the original Centre Block (except for the Library of Parliament) had been destroyed by fire, and the process of reconstruction made the adjoining grounds intraversible. Moreover, when the driveway was finally rebuilt behind Parliament, its path had changed; as a consequence, the foundations laid for the monument were now south of the driveway, thus dislocating the monument from its processional row.

Mais quand la statue de McGee put être rapatriée au Canada, l'emplacement finalement retenu par le Conseil consultatif des arts ne convenait plus. Au nord-est du monument Brown, le monument McGee devait être le quatrième de la rangée de statues alignées sur l'avenue qui se trouvait derrière l'Édifice du Centre. Or, en 1916, un incendie avait rasé ce bâtiment (sauf la Bibliothèque) et les travaux de reconstruction coupaient le terrain en deux. De plus, lorsque la promenade fut reconstruite derrière le Parlement, son tracé fut modifié et les fondations du monument se retrouvèrent au sud de la promenade, brisant ainsi l'alignement de monuments.

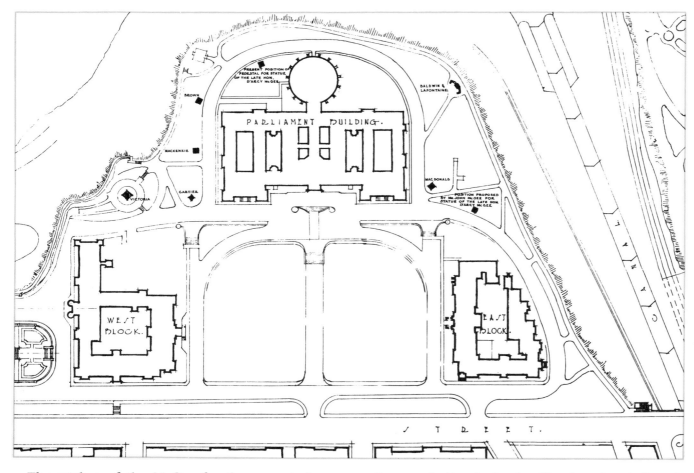

Drawing by the Department of Public Works (May, 1922), showing the site (upper left) of the original foundation for the McGee monument, and the site (middle right) chosen for the monument by Mr. J.J. McGee

Dessin du ministère des Travaux publics (mai 1922) indiquant l'emplacement (coin supérieur gauche) des fondations originales pour le monument McGee ainsi que l'emplacement choisi (centre droit) par M. J.J. McGee

The wishes of the McGee family presented an additional complication. While not always in agreement among themselves, they tended to favour a site just to the north of the monument of Sir John A. Macdonald, where McGee, according to his daughter, had been fond of sitting to meditate. It was not, however, until Mackenzie King had become Prime Minister that the matter was finally resolved. Soon dissatisfied with the advice he had been receiving from the Advisory Arts Council (it usually contradicted his own), King formed a special committee in 1922 to advise on the "beautification of government buildings and grounds." Specifically, it was to advise on the "artistic embellishment" of the new Centre Block of Parliament, as it neared completion. Since the committee tended to be composed of Cabinet members and government officials whose views closely corresponded to his own, King thus gained a high degree of control over the interior, exterior, and grounds of Canada's central symbol of government.

Les souhaits de la famille donnèrent lieu à d'autres complications. Incapables de s'entendre entre eux, les McGee avaient cependant tendance à favoriser un emplacement juste au nord du monument à Sir John Macdonald où, selon sa fille, McGee aimait s'asseoir pour méditer. Ce n'est que lorsque Mackenzie King devint premier ministre que l'affaire se régla enfin. Bientôt mécontent des conseils formulés par le Conseil consultatif des arts (ils contredisaient habituellement son avis), King forma en 1922 un comité spécial chargé de le conseiller sur «l'embellissement des immeubles et des terrains du gouvernement». Plus précisément, ce comité devait le conseiller sur l'«embellissement artistique» du nouvel Édifice du Centre, qui allait bientôt être terminé. Comme le comité avait tendance à comprendre des membres du Cabinet et des fonctionnaires dont les vues correspondaient assez bien aux siennes, King s'assura donc un haut degré de contrôle sur l'intérieur et l'extérieur de ce qui constitue le principal symbole du gouvernement canadien ainsi que sur ses pelouses.

Early view of the McGee monument, near the Library of Parliament, n.d.

Vue ancienne du monument McGee, près de la Bibliothèque du Parlement, sans date

View to the west from an elevated point on Parliament Hill, c. 1910; the McGee monument would have faced slightly more to the north

Vue plongeante vers l'ouest, vers 1910; le monument McGee aurait fait face un peu plus au nord

At King's suggestion, and with the agreement of the McGee family, the monument was finally installed, although without ceremony, in 1922, on a site close to the original one, but with a change of orientation. As King explained, although the Irish poet and historian would remain in appropriately close proximity to the Library of Parliament, he would now look out upon a vista where "his spirit might well love to dwell": "across the waters of the Ottawa towards the Laurentian hills and the setting sun."

À la suggestion de King et avec l'accord de la famille McGee, le monument fut finalement installé, bien que sans cérémonie officielle, en 1922, à un endroit proche de l'emplacement choisi au départ mais dans une orientation différente. Comme King l'expliqua, même si le poète et historien irlandais resterait à bon droit tout près de la Bibliothèque du Parlement, il porterait maintenant son regard dans une direction où «son esprit aimerait probablement arrêter son attention ... au-dessus de la rivière des Outaouais, vers les collines des Laurentides et le soleil couchant».

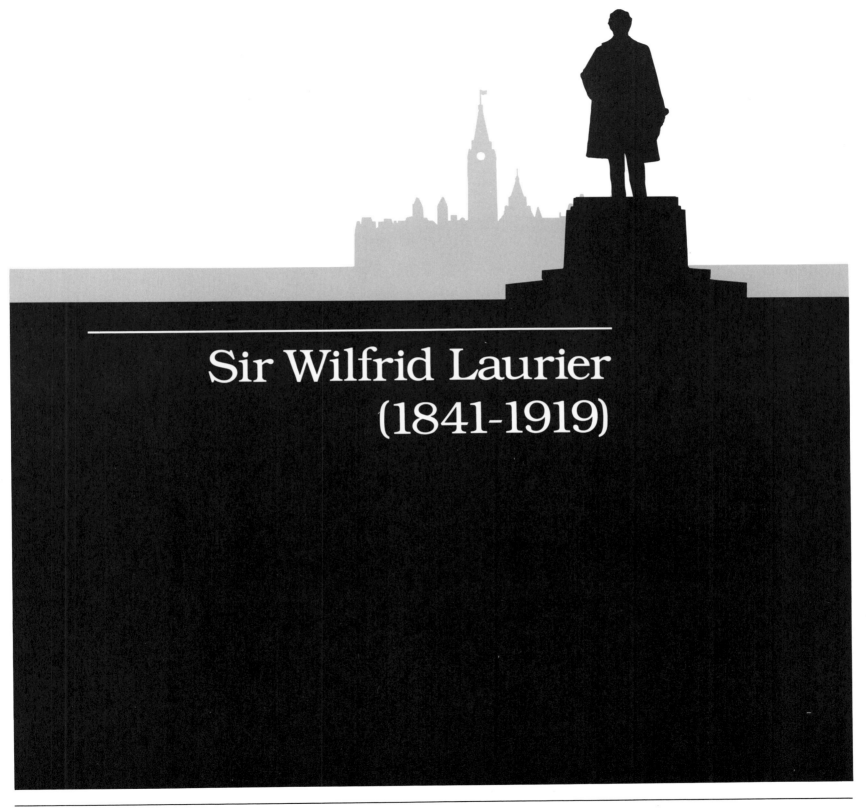

Sir Wilfrid Laurier
(1841-1919)

The period of Sir Wilfrid Laurier's premiership (1896-1911) was one of growth and prosperity for Canada: Alberta and Saskatchewan joined Confederation in 1905, two new transcontinental railway lines were begun, and the country continued the process of industrialization. Considered by many to be the dominant political figure of his era, Laurier fought above all for national unity, sustaining an often delicate balance between the demands of Empire and the desire for Canadian independence. First becoming a member of Parliament in 1874, he remained active at the federal level until his death in 1919, a period of over 40 years.

La période pendant laquelle Sir Wilfrid Laurier fut premier ministre (1896-1911) correspond à une ère de croissance et de prospérité pour le Canada : l'Alberta et la Saskatchewan entrèrent dans la Confédération en 1905, la construction de deux nouvelles lignes transcontinentales fut entreprise et le pays continua de s'industrialiser. Considéré par plusieurs comme la personnalité politique dominante de son époque, Laurier lutta surtout pour l'unité nationale, maintenant un équilibre parfois précaire entre les demandes de l'Empire et le désir d'indépendance du Canada. Élu au Parlement pour la première fois en 1875, il fit de la politique active au niveau fédéral jusqu'à sa mort en 1919, soit pendant plus de 40 ans.

Sir Wilfrid Laurier, 1906

Sir Wilfrid Laurier, 1906

Laurier House, Ottawa, 1980

La maison Laurier à Ottawa, 1980

Liberal Party members and association at "Woodhaven," Bromptonville, Quebec, August 12, 1915, with Laurier in the front row (just left of centre) and King above him to the left

Députés et membres du parti libéral à «Woodhaven», Bromptonville, Québec, 12 août 1915; Laurier se trouve dans la première rangée (centre gauche) et King derrière lui, à gauche

Funerary monument of Sir Wilfrid Laurier, Notre Dame Cemetery, Vanier (sculptures by Alfred Laliberté), n.d. (detail)

Monument funéraire de Sir Wilfrid Laurier, cimetière Notre-Dame, Vanier (sculptures de l'artiste québécois Alfred Laliberté), sans date (détail)

Shortly after Laurier's death, his successor to the leadership of the Liberal Party, William Lyon Mackenzie King, embarked on a series of ventures to ensure that Laurier would be fittingly commemorated in the capital. The home that he had inherited from Lady Laurier, for many years Sir Wilfrid's Ottawa residence, he re-named "Laurier House," planning almost from its inception its later gifting to the nation as an historic home. In the planning of Laurier's funerary monument, however, he seems not to have played such a major role: he later admitted that he would have preferred a mausoleum in the "Gothic style."

Peu de temps après la mort de Laurier, William Lyon Mackenzie King, son successeur à la tête du parti libéral, entreprit une série de démarches afin de veiller à ce que la mémoire de Laurier soit commémorée comme il se doit dans la capitale. Il changea le nom de la résidence d'Ottawa que Mme Laurier lui avait laissée en héritage et où les Laurier avaient vécu pendant des années; et pensa presque dès ce moment-là que la «maison Laurier» serait un jour donnée au pays à titre de maison historique. Mais il ne semble pas avoir joué un rôle aussi important dans la planification du monument funéraire à Laurier et admit plus tard qu'il aurait préféré un mausolée «de style gothique».

In perhaps the most prestigious form of commemoration, however, King once again took charge: in 1922, shortly after becoming Prime Minister, he began to plan a statue of Laurier for Parliament Hill. Although assisted by government officials and two advisory groups, King paid close attention to the project himself, from supervising the compilation of lists of artists to commenting on the terms of reference. It was at King's insistence, for instance, that the competition was to resemble the one for Sir John A. Macdonald's monument: not limited to Canadian artists, it would be "open to the world." In response, forty entries were received from artists in Canada, the U.S.A., England, France, and Italy. Among them was the model submitted by the American sculptor P. Bryant Baker, who proposed that Laurier be flanked by a male figure, representing "the Potential Forces of Canada; the mighty giant aroused to manhood to conquer the great Rivers, Lakes, and Lumberlands," while the female figure would symbolize "The Civic Virtue of Canada's great statesmen, and Abundance, by the sheaves of Wheat upon which she is reclining."

Dans ce qui allait devenir probablement la commémoration la plus prestigieuse King prit toutefois la situation en main. En effet, en 1922, peu de temps après être devenu premier ministre, il commença à planifier l'érection d'une statue de Laurier sur la Colline du Parlement. En dépit de l'aide fournie par des fonctionnaires et deux groupes consultatifs, King pilota directement le projet, depuis la supervision de la compilation des listes d'artistes jusqu'à la formulation de remarques sur le cahier des charges. King insista, par exemple, pour que le concours ressemble à celui qui avait été organisé pour le monument à Sir John A. Macdonald, c'est-à-dire qu'il ne se limite pas aux artistes canadiens et soit ‹ouvert au monde entier›. Quarante projets furent donc présentés par des artistes du Canada, des États-Unis, de l'Angleterre, de la France et de l'Italie. Parmi eux se trouvait la maquette du sculpteur américain P. Bryant Baker, qui proposait que Laurier soit flanqué d'un personnage masculin représentant ‹les forces potentielles du Canada; le géant puissant qui deviendra adulte en conquérant les grands fleuves, les lacs et les bois› tandis qu'un personnage féminin symboliserait ‹l'esprit civique des grands hommes d'État canadiens ainsi que l'abondance, grâce aux gerbes de blé sur lesquelles elle repose›.

Model for the Laurier monument (1924) by P. Bryant Baker

Maquette pour le monument Laurier (1924) par P. Bryant Baker

Model for the Laurier monument (1924) by Antonio Sciortino

Maquette pour le monument Laurier (1924) par Antonio Sciortino

Despite such ambitious projects, the committee selected for the second prize the model by Antonio Sciortino, an art professor in Rome, while for the first prize they chose Joseph-Emile Brunet, a young sculptor from Montreal who was then undertaking further study in Paris. While by mid-century he would become one of the foremost figurative sculptors in Quebec, with memorials to such varied figures as Marie de l'Incarnation and Maurice Duplessis, the Laurier monument was one of his first major commissions. In his winning model, Brunet had proposed an extensive terrace, to be surmounted by a bronze statue of Laurier, and embellished with elaborate carvings and reliefs, depicting such significant events in Laurier's life and era as the formation of two new provinces, agricultural and industrial progress, and the Grand Trunk Pacific Railway.

Le comité écarta les projets si ambitieux et il accorda la deuxième place à la maquette d'Antonio Sciortino, professeur d'arts plastiques à Rome et la première à Joseph-Émile Brunet, jeune sculpteur de Montréal qui poursuivait alors ses études à Paris. Brunet devint au milieu du siècle l'un des plus éminents sculpteurs figuratifs du Québec, créant notamment des monuments dédiés à des personnalités aussi diverses que Marie de l'Incarnation et Maurice Duplessis, mais le monument Laurier fut l'une de ses premières commandes importantes. Dans sa maquette, Brunet proposait une grande terrasse qui devait être surmontée d'une statue en bronze représentant Laurier et embellie par des sculptures et des bas-reliefs élaborés, illustrant des jalons de la vie de Laurier et de son époque, comme la formation de deux nouvelles provinces, les progrès agricoles et industriels et le chemin de fer Grand Trunk Pacific.

Brunet's revised model, July 1926

Maquette de Brunet revisée, juillet 1926

Brunet (on right) with his completed plaster statue of Laurier, Paris, March 1927

Brunet (à droite) et la statue en plâtre de Laurier, une fois terminée, Paris, mars 1927

Primarily at the suggestion of Mackenzie King, however, who kept in close contact with Brunet in Paris, even visiting his studio there once, Brunet made a series of major changes to his original model. On King's recommendation, he gradually reduced the terrace to a radically low and simple pedestal; changed the figure of Laurier to a more forceful and energetic one (he also modified it by ordering from Laurier's Sackville Row tailors a specially-made dress suit and overcoat to study on a custom-made mannequin); and simplified the reliefs and inscriptions to only three words (PROGRESS, JUSTICE, and PATRIOTISM) to be placed on a small tribune beside the figure of Laurier. Finally, he removed even the tribune itself. Anticipating many later 20th century trends, the monument to Laurier was by 1927 the most simple and approachable on the Hill.

Principalement à la suggestion de Mackenzie King, qui resta en relation étroite avec Brunet à Paris, allant même le visiter une fois à son studio, Brunet apporta cependant une série de changements radicaux à la maquette originale. Sur la recommandation de King, il réduisit la terrasse à un piédestal peu élevé et très simple, changea l'allure de la statue de Laurier pour la rendre plus énergique (il la modifia aussi en se basant sur un mannequin portant un complet et un manteau taillés sur mesure commandés auprès des tailleurs Sackville Row chez qui Laurier s'habillait), et simplifia les reliefs et les inscriptions, en les limitant à trois mots (Progrès, justice et patriotisme) sur une petite tribune près de la statue de Laurier. Enfin, il élimina la tribune proprement dite. Présageant de nombreuses tendances qui allaient s'instaurer plus tard au XXe siècle, le monument Laurier était, en 1927, le plus simple et le plus abordable de tous ceux qui se trouvaient sur la Colline.

Monument to Sir Wilfrid
Laurier, Parliament Hill, n.d.

Monument à Sir Wilfrid
Laurier, Colline du Parlement,
sans date

Acutely aware of the symbolic as well as the aesthetic aspects of siting a monument, King was particularly attentive to the location chosen for Laurier's memorial. As early as the fall of 1922, he had approached Arthur Meighen, then Conservative Leader of the Opposition, with the proposal that the monuments on Parliament Hill be re-arranged, so that the memorials to "the two great leaders," Macdonald and Laurier, would stand on either side of the central approach to Parliament, near the main entrance gates. Although disappointed when the Conservatives declined, King quickly reverted to his alternate site: the southeast corner of the Parliament grounds, on the crest of the slope to the east of East Block. The site that he had originally envisaged for the memorial to Harper, it was also the one he claimed to have promised to Laurier on one of their regular strolls together, as they entered the grounds of Parliament by the small and most eastern gate.

Extrêmement conscient de la valeur symbolique et esthétique que prend l'endroit même où un monument est érigé, King fut particulièrement attentif au choix de l'endroit où le monument Laurier allait être installé. Dès l'automne 1922, il proposa à Arthur Meighen, alors chef du parti conservateur et de l'opposition, de réorganiser les monuments installés sur la Colline du Parlement, afin que ceux ‹des deux grands dirigeants›, Macdonald et Laurier, se trouvent de chaque côté de l'accès principal au Parlement, près du portail de l'entrée principale. Malgré la déception causée par le refus de conservateurs, King se rabattit rapidement sur l'autre emplacement qu'il avait envisagé : tout à fait au sud-est des pelouses du Parlement, sur la crête de la pente qui existe à l'est de l'Édifice de l'Est. Considéré au départ pour le monument Harper, cet emplacement était aussi celui que King prétendait avoir promis à Laurier au cours de leurs fréquentes promenades lorsqu'ils entraient sur les terrains du Parlement par la petite entrée située à l'extrémité est.

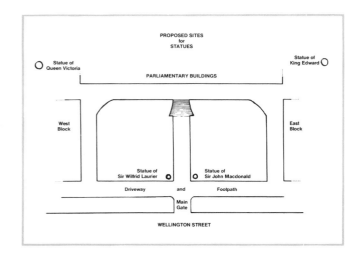

Diagram (April 7, 1923) of Mackenzie King's proposed re-location of statues on Parliament Hill

Diagramme (7 avril 1923) pour le déplacement des statues sur la Colline du Parlement proposé par Mackenzie King

Wooden model of the Laurier monument on Parliament Hill, late August to early September, 1925; to the left of the model is Union Station, to the right the Plaza, and to the far right, the Post Office (later demolished); the small eastern gateway to Parliament Hill is also visible to the left of the model

Maquette en bois du monument Laurier sur la Colline du Parlement, fin août, début septembre 1925; à gauche de la maquette, on aperçoit la gare Union, à droite, la «Plaza» et à l'extrême droite le bureau de poste (démoli depuis); la petite entrée à l'extrémité est de la Colline du Parlement se trouve aussi à gauche de la maquette

From there, Laurier would look over the Plaza, and from it be looked upon. Regarded by both men as the city's heart, it was the site that King would later enlarge to form Confederation Square, and upon which he would insist for the location of the National War Memorial. Perhaps recalling Laurier's hopes for the monument to D'Arcy McGee, King also intended that the monument to Laurier would be the first to greet those arriving in the capital by train at Union Station.

De là, Laurier dominerait la «Plaza» et y serait bien en vue. Considéré par les deux hommes comme le cœur de la ville, c'est cet endroit que King agrandit par la suite pour former la place de la Confédération et où il insistera pour qu'on y érige le monument aux morts. Se rappelant peut-être les espoirs de Laurier qu'on y érige un monument à D'Arcy McGee, King voulait aussi que le monument Laurier soit le premier à accueillir les passagers arrivant dans la capitale par la gare Union.

View of the southeastern extremity of Parliament Hill, showing the East Block and the Laurier monument (middle distance, centre)

Vue de l'extrémité sud-est de la Colline du Parlement, montrant l'Édifice de l'Est et le monument Laurier (centre)

View from the Laurier monument toward Confederation Square and Union Station (centre left; now the Government Conference Centre), with visible on the far left the Chateau Laurier, c. 1973-1974

Vue du monument Laurier vers la place de la Confédération et la gare Union (centre gauche; devenu le Centre des conférences du gouvernement); à l'extrême gauche, on distingue le Château Laurier, vers 1973-1974

In accordance with his own highly attuned sense of occasion, King timed the unveiling to coincide with the celebration in 1927 of Canada's sixtieth anniversary: its Diamond Jubilee. Marking a period of rapid growth and renewed prosperity for post-war Canada, the Jubilee in many ways provided a symbolic focus for a new sense of nationhood, and enthusiastic pride in all things "distinctively Canadian." The celebrations were nation-wide: maple trees were planted, pageants organized, medals struck, choirs formed, and wreaths laid by the Boy Scouts' Association (now Scouts Canada) on the graves of all the Fathers of Confederation (the honour seems also to have been extended to other distinguished Canadians, including — not unexpectedly — Laurier himself). In a similar Jubilee spirit, King proposed in the capital that Connaught Place (formerly the Plaza) be re-named: instead of recalling a former Governor General, it would come to be known as Confederation Square. Other Ottawa celebrations included the dedication on Dominion Day of the newly completed Peace Tower and its carillon, whose chimes, along with the ceremonies, were heard from coast to coast on the first transcontinental radio broadcast in Canadian history.

Sachant très bien profiter des circonstances, King fit concorder le dévoilement du monument avec le 60e anniversaire de la Confédération, en 1927. Marquant une période de croissance rapide et de prospérité renouvelée pour le Canada de l'après-guerre, cet anniversaire fournissait un cadre symbolique pour exprimer un nouveau sens de la nation et une fierté enthousiaste face à tout ce qui était «éminemment canadien». Des célébrations se déroulèrent d'un bout à l'autre du pays : on planta des arbres, organisa des spectacles, frappa des médailles, fonda des chorales; les scouts déposèrent des couronnes sur les tombes de tous les pères de la Confédération (cet honneur semble aussi avoir débordé sur d'autres illustres Canadiens, y compris, cela va sans dire, Laurier lui-même). Dans ce même esprit de fête, King proposa que la place Connaught (autrefois, la «Plaza») à Ottawa change de nom. Au lieu de rendre hommage à un ancien gouverneur général, cette place finit par être connue sous le nom de place de la Confédération. D'autres célébrations qui se déroulèrent à Ottawa comprennent l'inauguration, le jour du Dominion, de la tour de la Paix, qui venait tout juste d'être achevée, ainsi que de son carillon, dont les cloches ainsi que le compte rendu des cérémonies furent entendues d'un océan à l'autre au cours de la première émission de radio transcontinentale au Canada.

Mackenzie King at the Diamond Jubilee ceremonies, Parliament Hill, July 1, 1927

Mackenzie King pendant les cérémonies du 60e anniversaire de la Confédération, 1er juillet 1927

Celebrations on Parliament Hill, July 1, 1927

Célébrations sur la Colline du Parlement, 1er juillet 1927

Unveiling ceremony of the monument to Laurier on Parliament Hill, with the British Prime Minister, Stanley Baldwin (far left), and in the front row (far right; left to right) J.C. Elliott, Minister of Public Works; the Prince of Wales (later, King Edward VIII); and W.L. Mackenzie King

Dévoilement du monument à Laurier su la Colline du Parlement; on aperçoit le premier ministre britannique Stanley Baldwin (extrême gauche) et, dans la première rangée, (extrême droite, de gauche à droite), J.C. Elliott, ministre des Travaux publics; le prince de Galles (futur roi Édouard VIII) et W.L. Mackenzie King.

Members of the Boy Scouts' Association lay a wreath on the grave of Sir Wilfrid Laurier, July 1, 1927

Scouts déposant une couronne sur la tombe de Sir Wilfrid Laurier, 1er juillet 1927

Although postponed from Dominion Day (when the British Prime Minister could not attend), the dedication of the memorial to Laurier was an equally festive occasion: after speeches were made, and the statue unveiled by the Prince of Wales, the Centenary Choir sang "O Canada." For King, the moment was a proud one: just as Great Britain had honoured Laurier on Queen Victoria's Diamond Jubilee, so Canada now paid him tribute on the occasion of her own. The nation was coming of age.

Bien que reportée après le jour du Dominion (parce que le premier ministre britannique ne pouvait être présent à cette date), l'inauguration du monument dédié à Laurier donna lieu à des festivités tout aussi grandioses : après les discours et le dévoilement de la statue par le prince de Galles, le Chœur du centenaire entonna le ‹O Canada›. Pour King, le moment le remplissait de fierté : tout comme la Grande-Bretagne avait honoré Laurier à l'occasion des 60 ans de règne de la reine Victoria, le Canada lui aussi lui rendait hommage en même temps qu'il célébrait le 60e anniversaire de la Confédération, marquant ainsi une étape importante de son histoire. Le pays devenait adulte.

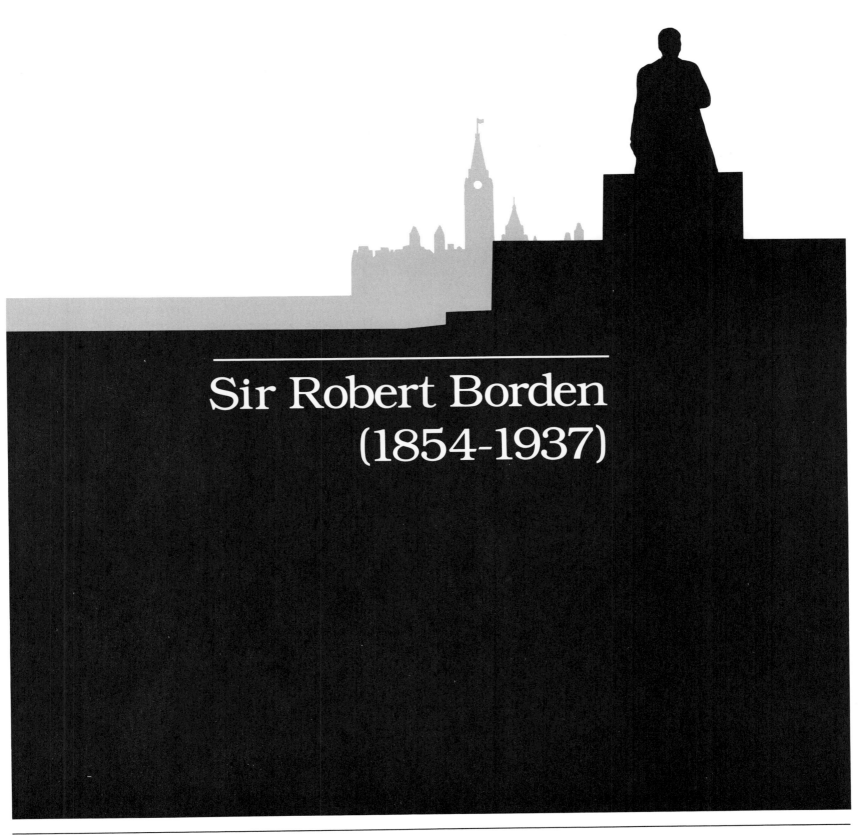

Sir Robert Borden
(1854-1937)

At noon on January 8, 1957, the opening day of a new session of Parliament, Henry Borden unveiled the monument on Parliament Hill to his uncle, the former Conservative Prime Minister, Sir Robert Laird Borden. Included in the ceremonies (which quickly adjourned indoors to escape the winter temperatures) were tributes from the current Liberal Prime Minister, Louis St-Laurent; the newly appointed Leader of the Opposition, John Diefenbaker; and other representatives from the House of Commons, the government, and Borden's own family.

À midi le 8 janvier 1957, jour d'ouverture d'une nouvelle session du Parlement, Henry Borden dévoilait le monument érigé sur la Colline du Parlement en l'honneur de son oncle, Sir Robert Laird Borden, ancien premier ministre conservateur. Au cours de la cérémonie (qui se poursuivit rapidement à l'intérieur, afin que les participants échappent aux rigueurs de l'hiver), on entendit les éloges prononcés par Louis St-Laurent, premier ministre libéral, John Diefenbaker, nouveau chef de l'Opposition, et d'autres représentants de la Chambre des communes, du gouvernement et de la famille Borden.

Unveiling ceremony of the monument to Sir Robert Borden, Parliament Hill

Dévoilement du monument à Sir Robert Borden, Colline du Parlement

(left to right): John Diefenbaker, Henry Borden, Louis St-Laurent, and Frances Loring engage in conversation during the unveiling ceremonies (detail)

(de gauche à droite) John Diefenbaker, Henry Borden, Louis St-Laurent et Frances Loring conversent pendant les cérémonies de dévoilement (détail)

Henry Borden, flanked by Louis St-Laurent (on the left) and John Diefenbaker (on the right), unveils the monument to his uncle, Sir Robert Borden, which is draped in the Red Ensign, the flag widely used in Canada until the adoption of a new flag in 1965 (detail)

Henry Borden, flanqué de Louis St-Laurent (gauche) et de John Diefenbaker (droite), se prépare à dévoiler le monument en l'honneur de son oncle, Sir Robert Borden. Le monument est recouvert du Red Ensign, le drapeau largement utilisé au Canada jusqu'à l'adoption de l'unifolié en 1965 (détail)

Frances Loring (with white hat and cane) talks with members of the Borden family after the unveiling (detail)

Frances Loring (chapeau blanc et cane) s'adresse à des membres de la famille Borden après le dévoilement (détail)

In his speech for that occasion, St-Laurent spoke of the significance of Borden's premiership for the Canadian nation. Under his leadership in the First World War, Canada had made such a major contribution that she won not only the praise and admiration of her Allies but, at Borden's insistence, had also been given a voice in the formulation of Allied policy. Indeed, when Borden had signed the Treaty of Versailles in 1919 as the representative of Canada, he signed on terms of equality with other Allied Nations. The new international status which Canada was coming to enjoy was further enhanced in 1920 when Canada became one of the founding members of the League of Nations. For St-Laurent, himself a distinguished member of the legal profession, it was in these areas pertaining to the constitutional development of Canada that Borden's main achievement lay.

Dans son discours de circonstance, St-Laurent évoqua la signification pour la nation canadienne de l'orientation que prit du Canada lorsque Borden en fut premier ministre. Sous sa gouverne pendant la Première Guerre mondiale, le Canada avait apporté une contribution telle qu'il s'était valu non seulement les louanges et l'admiration des Alliés mais, à l'insistance de Borden, il avait aussi eu son mot à dire dans l'élaboration de la politique alliée. De fait, lorsque Borden avait signé le traité de Versailles en 1919 à titre de représentant du Canada, il l'avait fait sur un pied d'égalité avec les autres Alliés. Le nouveau statut international dont le Canada commençait à jouir fut renforcé en 1920 lorsque le Canada devint l'un des pays fondateurs de la Ligue des nations. Pour St-Laurent, lui-même membre émérite de la profession juridique, les principales réalisations de Borden se rapportaient précisément à ces domaines de l'évolution constitutionnelle.

Sir Robert Borden

Sir Robert Borden

View of the slope to the west of West Block, Parliament Hill, n.d., prior to the placement of the Borden monument

Vue de la pente à l'ouest de l'Édifice de l'Ouest, Colline du Parlement, sans date, avant l'érection du monument Borden

Aerial view of Parliament Hill, showing the relative locations of the monuments to Borden (far left) and to Laurier (far right) on the grounds of Parliament

Vue aérienne de la Colline du Parlement, montrant l'emplacement des monuments Borden (extrême gauche) et Laurier (extrême droite) sur les pelouses du parlement

In 1952, family members and former colleagues of Borden had approached St-Laurent concerning the celebrations being planned for the centenary in 1954 of Borden's birth; in particular, they raised the possibility of marking the occasion by placing a monument to Borden on Parliament Hill. By 1953, St-Laurent had demonstrated his concurrence with the suggestion by officially proposing the monument in Parliament, and later by announcing the competition, for which he had made a number of his own suggestions. To be organized by the National Gallery of Canada, it would be open to all sculptors normally resident in Canada, while the site was to be at the western extremity of the Parliament grounds, overlooking Wellington Street. In a location corresponding to that of the Laurier monument in the east, it was to form a "companion piece" with that of Laurier, Canada's other Prime Minister of the early 20th century.

En 1952, des membres de la famille et d'anciens collègues de Borden communiquèrent avec St-Laurent en prévision des célébrations organisées à l'occasion du centenaire de la naissance de Borden, en 1954. Ils évoquèrent notamment la possibilité de marquer l'occasion par l'érection d'un monument sur la Colline du Parlement. En 1953, St-Laurent exprima son accord sur cette idée en proposant officiellement au Parlement l'érection de ce monument et en annonçant par la suite le concours, pour lequel il fit lui-même quelques suggestions. Ainsi, le concours devrait être organisé par le Musée des beaux-arts du Canada, être ouvert à tous les sculpteurs résidant au Canada, et le monument devait être placé à l'extrémité ouest des pelouses du Parlement, en direction de la rue Wellington. Érigé à un endroit qui correspondait à l'emplacement retenu pour le monument Laurier à l'est, ce monument serait le pendant du monument dédié à cet autre premier ministre du Canada du début du XXe siècle.

Of the 29 models submitted, the winning entry was by the Toronto-based sculptor, Frances Loring. Although she had some difficulty with the proportions (Borden's head was so large, she claimed, that she had to keep "adding to the legs"), Loring's aim was clear: depicting him in a greatcoat, she sought to recall the era of the First World War. In addition, he would hold a scroll, intended to represent the document which he had carried to the Peace Conference of 1919. For Loring, the scroll was consistent with what she called the "whole theme of the fighting pose". As she later explained: "I thought of Borden at the time he fought for Canadian autonomy and represented Canada at Versailles....That was when Canada first took its position as a nation."

Des 29 maquettes présentées, la proposition gagnante fut soumise par la sculptrice torontoise Frances Loring. Malgré certaines difficultés de proportions (la tête de Borden était si grande, disait-elle, qu'il fallait sans cesse ‹allonger les jambes›), l'intention de Loring était claire : en le représentant vêtu d'une capote, elle cherchait à évoquer l'époque de la Première Guerre mondiale. De plus, Borden tient un rouleau de parchemin qui représente le mémoire présenté par Borden à la conférence de la paix en 1919. Pour Loring, cet objet renforçait ce qu'elle appelait ‹le thème de l'ardeur militante›. Comme elle l'expliquera plus tard : ‹J'ai pensé à Borden à l'époque où il lutta pour l'autonomie canadienne et représenta le Canada à Versailles... C'est à ce moment que le Canada a vraiment pris sa place comme pays.›

Sir Robert Borden watching a march-past by Canadian troops in France, July 1918

Sir Robert Borden devant un défilé de troupes canadiennes en France, juillet 1918

Monument to Sir Robert
Borden, Parliament Hill

Monument à Sir Robert
Borden, Colline du Parlement

For Loring, both that earlier war-time era and the federal capital held additional memories. Some thirty years earlier, she had undertaken a series of small bronzes documenting the training and munitions effort of the war for a project headed by Lord Beaverbrook, while during the 1920's she had collaborated with other sculptors in designing the carvings for the Memorial Chamber in the Peace Tower of the new Centre Block of Parliament. Those earlier memories, moreover, were inextricably linked with Borden himself. He not only had been Prime Minister when the original building was destroyed by fire in 1916, but also had overseen the initial phases of its reconstruction, including the laying of the cornerstone for the Peace Tower, itself a memorial to the First World War.

Pour Loring, tant cette période que la capitale fédérale évoquaient de nombreux souvenirs. Une trentaine d'années plus tôt, elle avait exécuté une série de petites statues en bronze rappelant la formation militaire et l'effort de guerre, pour un projet lancé par Lord Beaverbrook; puis, dans les années 20, elle avait participé avec d'autres artistes, à la conception des sculptures de la chapelle du Souvenir construite dans la tour de la Paix du nouvel Édifice du Centre. Tous ces souvenirs étaient liés inextricablement à Borden. Non seulement Borden était-il premier ministre lorsque le bâtiment d'origine fut détruit par un incendie en 1916, mais il avait aussi surveillé les premières étapes de la reconstruction, y compris la pose de la pierre angulaire de la tour de la Paix, destinée elle-même à commémorer la Première Guerre mondiale.

A crane lowers the statue of
Borden onto its pedestal,
Ottawa, December 1956

Une grue place la statue de
Borden sur son piédestal,
Ottawa, décembre 1956

Frances Loring puts finishing
touches on her statue of
Borden at the time of its
installation, December 1956

Frances Loring apporte les
dernières retouches à la
statue de Borden au moment
de son installation, décembre
1956

Frances Loring contemplates
her newly installed
monument

Frances Loring contemple le
monument qui vient d'être
installé

The monument to Borden was the last major public commission of Loring's life. Born in the United States, she had lived in Canada since 1913, producing many figurative sculptures, and several large monuments, including war memorials in Ontario and New Brunswick, and the Lion Monument for Toronto's Queen Elizabeth Way. The commission for the Borden monument came to her only at age 69, when arthritis and other health problems already posed major difficulties. Nonetheless, it has a special strength: in Borden's ruggedness, courage, and determination, she seems to have recognized her own.

Le monument Borden constitua la dernière commande publique importante de Loring. Née aux États-Unis, elle s'établit au Canada en 1913 et réalisa quelques monuments importants, y compris des monuments aux morts en Ontario et au Nouveau-Brunswick ainsi que le monument placé au début de l'autoroute Queen Elizabeth à Toronto. Elle fut chargée de réaliser le monument Borden à l'âge de 69 ans, quand l'arthrite et d'autres problèmes de santé lui causaient déjà de grandes difficultés. Mais en illustrant l'énergie, le courage et la détermination de Borden, elle semble avoir réussi à puiser ces mêmes qualités chez elle.

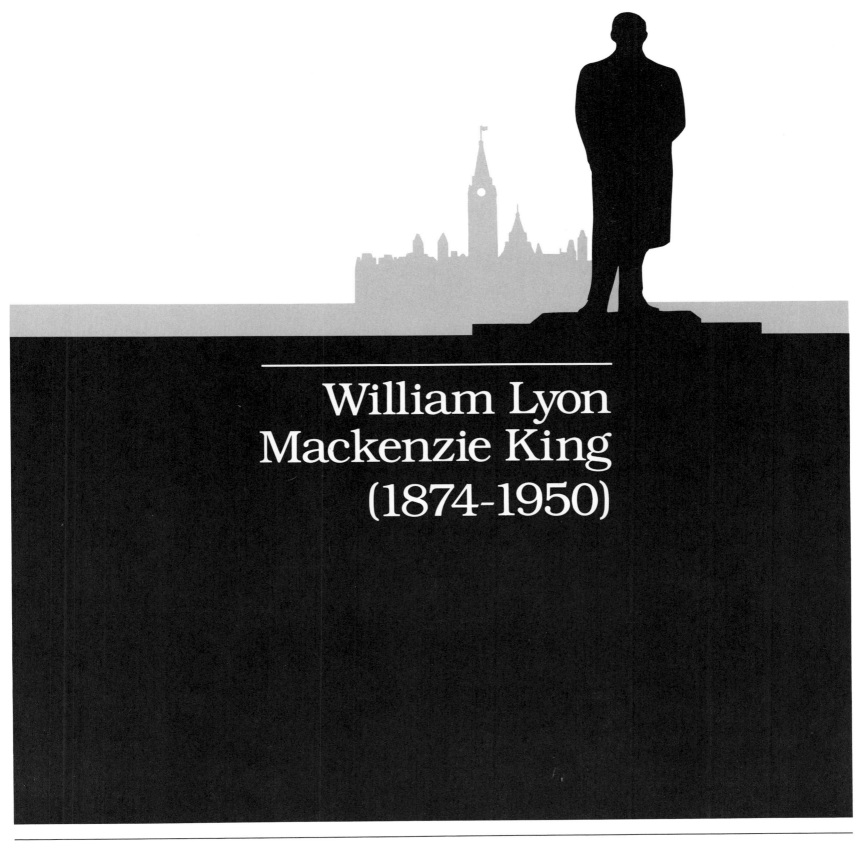

William Lyon Mackenzie King (1874-1950)

At midnight, December 31, 1966, in a ceremony televised nationally by the CBC, Prime Minister Lester B. Pearson officially inaugurated Canada's 100th birthday since Confederation by the lighting on Parliament Hill of the Centennial Flame. Bearing the coats of arms of all the provinces and territories, the Centennial Flame itself had been conceived as a "symbolic signal" by the Centennial Commission of Canada, a corporation formed by the federal government to organize and to promote the year-long activities. Coinciding with Expo 67, the world exhibition being held the same year in Montreal, it was an occasion marked by nation-wide celebrations, a wide variety of special projects, and a confident optimism and pride in Canada's past achievements and seemingly limitless potential.

À minuit le 31 décembre 1966, au cours d'une cérémonie retransmise d'un océan à l'autre à la télévision de Radio-Canada, le premier ministre Lester B. Pearson inaugurait officiellement le centenaire du Canada en allumant la Flamme du centenaire sur la Colline du Parlement. Conçue par la Commission du centenaire du Canada, organisme créé par le gouvernement fédéral pour organiser et promouvoir des activités pendant toute l'année, cette flamme jaillissant d'une fontaine ornée des blasons des provinces et des territoires du Canada représentait un «signal symbolique». Coïncidant avec l'Expo 67, cette exposition mondiale organisée la même année à Montréal, le centenaire fut marqué par des célébrations dans toutes les régions du pays, des projets spéciaux, une grande fierté face aux réalisations passées du Canada et un optimisme débordant quant au potentiel presque illimité du pays.

Prime Minister Lester B. Pearson lights the Centennial Flame on Parliament Hill; Judy LaMarsh is visible to his left

Le premier ministre Lester B. Pearson allume la Flamme du centenaire sur la Colline du Parlement; Judy LaMarsh se trouve à sa gauche

Centennial Flame, Parliament Hill (constructed by Public Works Canada)

La Flamme du centenaire, Colline du Parlement (construite par Travaux publics Canada)

Judy LaMarsh in the House
of Commons, 1960

Judy LaMarsh à la Chambre
des communes, 1960

As a special part of her own Department's contribution to the Centennial, the Secretary of State Judy LaMarsh proposed in 1966 the erection on Parliament Hill of four statues, to commemorate those Canadian Prime Ministers who had played major roles in the shaping of the nation: Arthur Meighen, R.B. Bennett, William Lyon Mackenzie King, and Louis St-Laurent. Since it was hoped that at least two of the monuments would be erected during 1967, the Interdepartmental Committee formed to oversee the project agreed not to hold an open competition for the monument. Instead, an art advisory panel was appointed to nominate specific artists for each of the statues, the first of which to be finished was that of Mackenzie King.

À titre de contribution spéciale de son ministère aux festivités du centenaire, la secrétaire d'État Judy LaMarsh proposa en 1966 l'érection, sur la Colline du Parlement, de quatre statues destinées à commémorer des premiers ministres qui avaient joué un rôle déterminant dans l'évolution du pays, soit Arthur Meighen, R.B. Bennett, William Lyon Mackenzie King et Louis St-Laurent. Étant donné qu'on espérait installer au moins deux de ces monuments en 1967, le comité interministériel chargé de surveiller le projet accepta de ne pas procéder par voie de concours pour choisir les artistes. Un comité consultatif fut plutôt désigné et chargé de nommer un artiste pour la réalisation de chacune des statues, dont la première achevée fut celle de Mackenzie King.

Although there had been suggestions after the death of Mackenzie King in 1950 that a monument be erected in his honour, no immediate action had been taken. One reason may well have been King's own provisions for his commemoration: in his will, he had bequeathed to the nation both his city residence of Laurier House, and his country estate near Kingsmere, Quebec. While his Kingsmere properties were given "as a public park in trust for the citizens of Canada," Laurier House was to be maintained as an historic residence, in memory of both Sir Wilfrid Laurier and himself. By 1951, only a year after King's death, bills regarding both bequests had been passed in the House of Commons, with the administration of Laurier House being entrusted to the Public Archives of Canada, and that of the Kingsmere estate to the Federal District Commission (currently, the National Capital Commission).

Malgré des suggestions, au décès de Mackenzie en 1950, qu'un monument soit érigé en son honneur, l'idée n'eut aucune suite immédiate. Cette inertie pourrait bien s'expliquer du fait que King s'était lui-même organisé pour qu'on se souvienne de lui. En effet, il avait légué au pays par testament tant sa résidence en ville, la maison Laurier, que son domaine de campagne près de Kingsmere au Québec. La propriété de Kingsmere était donnée à titre de «parc public, en fiducie pour les citoyens du Canada» et la maison Laurier devait être conservée comme résidence historique, à la mémoire de Sir Wilfrid Laurier et de lui-même. En 1951, un an à peine après la mort de King, des lois concernant ces deux legs étaient adoptées à la Chambre des communes. L'administration de la maison Laurier était confiée aux Archives publiques du Canada et celle du domaine de Kingsmere à la Commission du district fédéral (devenue depuis la Commission de la Capitale nationale).

Prime Minister Louis St-Laurent opens Laurier House, August 1951

Le premier ministre Louis St-Laurent inaugure la maison Laurier, août 1951

View of the Ruins, Mackenzie King Estate, near Kingsmere, Quebec

Vue des ruines, domaine Mackenzie King, près de Kingsmere, Québec

Mackenzie King at Government House, Victoria, B.C., November 1929

Mackenzie King à la résidence du lieutenant-gouverneur, Victoria, C.-B., novembre 1929

Mackenzie King during the election campaign, October 1935

Mackenzie King en campagne électorale, octobre 1935

Mackenzie King arriving at the Commonwealth Prime Ministers Conference, Bovingdon, England, April 27, 1944

Mackenzie King arrive à la conférence des premiers ministres du Commonwealth, Bovington, Angleterre, 27 avril 1944

An additional impediment to the creation of a memorial to King was the man himself. While official portraits usually depict their subjects at the height of their powers, and holding their highest office, King had been active at the federal level for nearly 50 years. In 1900, he had entered the civil service as Deputy Minister of the Department of Labour; in 1908, he had been elected to Parliament; and in 1919, although absent for several years from political life, he became leader of the Liberal Party of Canada. In addition, except for a few months in 1926, he had served as Prime Minister of Canada from 1921 to 1930, and 1935 to 1948 — a period of some 22 years, including those of the Second World War. As Canada's longest serving Prime Minister, he thus presented the artist with a special dilemma.

L'homme lui-même constituait un obstacle à l'érection d'un monument. Les portraits officiels montrent habituellement leurs sujets au sommet de leur gloire et au moment où ils occupent les fonctions les plus élevées de leur carrière. Or King mena une carrière politique active pendant près de 50 ans. En 1900, il était entré dans la fonction publique à titre de sous-ministre du Travail; en 1908, il s'était fait élire au Parlement; et, malgré une absence de la vie politique qui dura quelques années, il devenait en 1919 chef du parti libéral du Canada. Sauf pendant quelques mois en 1926, il fut premier ministre du Canada de 1921 à 1930, puis de 1935 à 1948, soit pendant quelque 22 ans comprenant notamment les années de la Deuxième Guerre mondiale. Ses longs états de service comme premier ministre posaient donc un dilemme bien spécial pour les artistes.

In addition, although a statesman of some importance, King, in his own view, remained throughout his life unimpressive in appearance. Acutely, even painfully aware of his own physical shortcomings, he often longed for an image of greater distinction. While some artists, like Sir William Orpen, chose to enhance King's image by endowing him with an air of almost aristocratic assurance, others were more informal in approach, portraying the private rather than the public man.

De plus, même s'il avait été un homme d'État assez important, King avait conservé pendant toute sa vie une allure peu impressionnante. Terriblement conscient de ses défauts physiques, il souhaitait souvent pouvoir projeter une image de grande distinction. Alors que certains artistes, comme Sir William Orpen, choisirent de rehausser l'image de King en lui donnant un air d'assurance presque aristocratique, d'autres préférèrent plutôt faire ressortir les qualités de l'homme dans sa vie privée plutôt que celles de l'homme d'État.

Mackenzie King at the ceremonies on Parliament Hill, Remembrance Day, November 11, 1937

Mackenzie King aux cérémonies du jour du Souvenir, 11 novembre 1937, sur la Colline du Parlement

Portrait of King (oil; c. 1926-1930) by British artist Sir William Orpen (Laurier House, Public Archives of Canada)

Portrait de King (huile, vers 1926-1930) par l'artiste britannique Sir William Orpen (Maison Laurier, Archives publiques du Canada)

Statuette of King with his dog Pat (bronze; c. 1944) by American sculptor Avard Fairbanks (Laurier House, Public Archives of Canada)

Statuette de King et de son chien Pat (bronze, vers 1944) par le sculpteur américain Avard Fairbanks (Maison Laurier, Archives publiques du Canada)

Model for the monument to King (1966) by Raoul Hunter; front and side views

Maquette pour le monument King (1966) par Raoul Hunter; vues de face et de profil

The sculptor selected to undertake King's portrait statue for the Centennial faced similar challenges, but addressed them in a different way. Impressed with what he had read of the strength of King's character, the Quebec artist Raoul Hunter developed his maquette into a compact and massive form, conveying through its own solidity that forcefulness and determination he felt King to have possessed. The streamlined contours of King's tightly buttoned coat, along with its rough texture, are complemented by the smooth, strong features of his head, while in his tie, he wears one of his favourite pins (still on display at Laurier House). In a tense but determined stance, King confronts us as a decisive and commanding presence — perhaps not as he was, but as at least one part of him might have liked to be.

Le sculpteur choisi pour exécuter la statue de King à l'occasion du centenaire devait faire face à ces défis, mais les releva d'une autre façon. Impressionné par ses lectures où l'on faisait ressortir la force de caractère de King, l'artiste québécois Raoul Hunter conçut une maquette compacte et massive dont la solidité dégage cette énergie et cette détermination qu'il sentait chez King. La texture du manteau ajusté et boutonné s'harmonise aux traits lisses et tranchés de la tête. King porte une de ses épingles à cravate préférées (exposée à la maison Laurier) et, dans une pose tendue mais déterminée, il dégage une présence décisive et imposante, peut-être pas tel qu'il était, mais au moins tel qu'une partie de lui-même aurait aimé être.

Side view of monument

Vue de profil du monument

Monument to William Lyon
Mackenzie King, Parliament
Hill

Monument à William Lyon
Mackenzie King, Colline du
Parlement

The site selected for the monument was one of several that had been recommended for statuary in 1966 by the British architect and planner, Sir Hugh Casson, at the request of the National Capital Commission. Placed on a low pedestal of polished granite, the statue of King stands to the north of East Block, in close proximity to the Centre Block of Parliament, and facing southwest towards Wellington Street. The first of the four Centennial statues to be erected, the monument to King was unveiled by the Governor General Roland Michener only one year late, on the July 1st holiday of 1968.

L'emplacement choisi pour le monument était l'un de ceux que l'architecte et urbaniste britannique Sir Hugh Casson avait recommandé en 1966 pour l'érection des statues, à la demande de la Commission de la Capitale nationale. Placée sur un piédestal peu élevé en granit poli, la statue de King se trouve au nord de l'Édifice de l'Est, tout près de l'Édifice du Centre, et fait face au sud-ouest, vers la rue Wellington. Première des quatre statues du centenaire à être érigée, le monument King fut dévoilé par le gouverneur général Roland Michener un an seulement après le centenaire, soit le 1er juillet 1968.

Dedication ceremony of the monument of King, with Governor General Roland Michener (centre foreground) unveiling the statue, and Prime Minister Pierre Elliott Trudeau visible on the far left

Cérémonie de dévoilement du monument King; le gouverneur général Roland Michener (premier plan, au centre) dévoile la statue, on aperçoit le premier ministre Pierre Elliott Trudeau à l'extrême gauche

View of monument, looking toward Wellington Street

Vue du monument, en direction de la rue Wellington

View of monument

Vue du monument

Louis St-Laurent
(1882-1973)

Like the monument to William Lyon Mackenzie King, the memorial dedicated to Louis St-Laurent was one of four statues proposed in 1966 by the Secretary of State, Judy LaMarsh. Intended as a special part of her Department's contribution to Canada's Centennial year of 1967, the monuments were to honour four Canadian Prime Ministers who had played a major role in shaping Canadian history since the time of Confederation. The former Liberal Prime Minister, Louis St-Laurent, was clearly a natural choice for inclusion in the project. A prominent lawyer from Quebec, he had first joined the administration of Mackenzie King at the age of 59, serving first as Minister of Justice and Attorney General of Canada, and then as Secretary of State for External Affairs, before succeeding King as Prime Minister in 1948.

Tout comme celui qui était consacré à William Lyon Mackenzie King, le monument dédié à Louis St-Laurent faisait partie des quatre statues proposées en 1966 par la secrétaire d'État Judy LaMarsh. Contribution spéciale du Secrétariat d'État au centenaire du Canada en 1967, ces monuments devaient rendre hommage à quatre premiers ministres canadiens qui ont joué un rôle important dans l'évolution du Canada depuis le début de la Confédération. L'ancien premier ministre Louis St-Laurent était certainement un candidat tout désigné à cet honneur. Avocat québécois éminent, St-Laurent s'était joint au gouvernement de Mackenzie King à 59 ans, à titre de ministre de la Justice et procureur général du Canada, puis était devenu secrétaire d'État aux Affaires extérieures avant de succéder à King comme premier ministre du Canada en 1948.

Louis St-Laurent

Louis St-Laurent

Louis St-Laurent during the election campaign, August 6, 1953

Louis St-Laurent en campagne électorale, 6 août 1953

Model for the St-Laurent
monument (1966) by Elek
Imredy

Maquette pour le monument
à St-Laurent (1966) par Elek
Imredy

Organized by an Interdepartmental Committee, the project was to ensure that at least two of the monuments were erected during the Centennial year. As a result, no competition was held for the statues; instead, an art advisory panel nominated specific artists for each monument. For the portrait statue of Louis St-Laurent, they selected Elek Imredy, a Vancouver-based sculptor who had emigrated to Canada from Hungary in 1957. By 1966, he had created sculptures for a large number of religious and other institutions, primarily in western Canada, while perhaps his best known sculpture, *Girl in Wetsuit*, was installed in Vancouver in 1972.

Organisé par un comité interministériel, le projet devait se solder par l'érection d'au moins deux statues pendant l'année du centenaire. Par conséquent, aucun concours ne fut lancé; un comité consultatif des arts nomma plutôt un artiste pour l'exécution de chacun des monuments. Pour la statue de Louis St-Laurent, le comité désigna Elek Imredy, sculpteur hongrois qui avait immigré au Canada en 1957 et s'était établi à Vancouver. En 1966, il comptait à son crédit des sculptures réalisées notamment pour de nombreuses institutions religieuses, surtout dans l'Ouest du Canada. Sa sculpture la plus connue et intitulée *Girl in Wetsuit* fut installée à Vancouver en 1972.

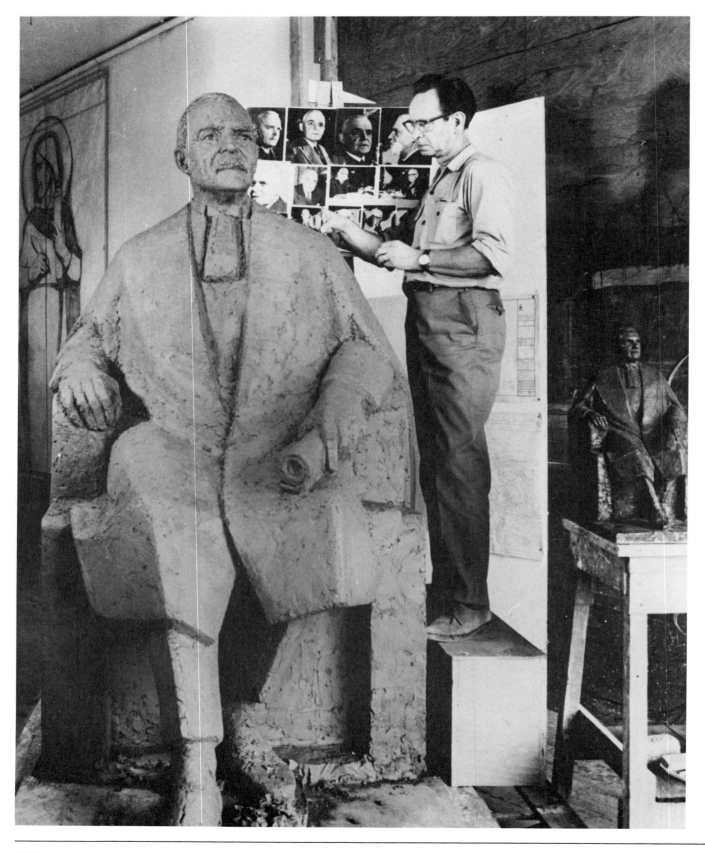

Elek Imredy at work on his full-size clay model for the monument to St-Laurent, Vancouver, summer 1968; a small scale model is visible to the right. Imredy also had the opportunity to meet personally with St-Laurent in 1967 to supplement his study for the portrait likeness

Elek Imredy au travail sur sa maquette grandeur réelle en glaise, Vancouver, été 1968; une maquette à l'échelle réduite se trouve à droite. Imredy a pu rencontrer St-Laurent en 1967, afin de rendre son portrait encore plus ressemblant

Elek Imredy (seated) with a plaster of paris mold over the full-size clay statue, Vancouver, November 1968; individual wooden structures are attached to each section of the plaster mold for reinforcement; a fibreglass copy of the statue was then cast into the mold, before being sent to an art foundry in Rome for casting into bronze

Elek Imredy (assis) près d'un moule en plâtre de Paris recouvrant la statue en glaise, Vancouver, novembre 1968; des renforts de bois sont attachés à chaque section du moule en plâtre; une reproduction en fibre de verre fut ensuite coulée dans le moule avant d'être envoyée à une fonderie de Rome qui la coula dans le bronze.

Imredy at work on his full-size clay model of the monument, Vancouver, summer 1968; plans of the proposed site are visible behind him in some of the photographs

Imredy au travail sur sa maquette grandeur réelle en glaise, Vancouver, été 1968; on aperçoit les plans de l'emplacement proposé derrière lui sur deux des photographies

Although Imredy's monument to St-Laurent had been completed by 1969, the government decided not to erect it until after St-Laurent's death. As a result, it was placed in storage in Ottawa for several years, as was the statue of Arthur Meighen — but for rather different reasons.

Même si le monument créé par Imredy était terminé en 1969, le gouvernement décida de ne pas l'ériger avant la mort de St-Laurent. La statue de St-Laurent fut donc entreposée à Ottawa pendant quelques années, tout comme celle d'Arthur Meighen, mais pour des raisons tout à fait différentes dans ce cas.

John Diefenbaker (right) and Hugh Faulkner (to his left) examine the statues of Arthur Meighen (left) and Louis St-Laurent (to right of Meighen) in storage, Ottawa, November 4, 1974 (detail)

John Diefenbaker (droite) et Hugh Faulkner (à sa gauche) examinent les statues entre-posées d'Arthur Meighen (gauche) et de Louis St-Laurent (à la droite de Meighen), Ottawa, 4 novembre 1974 (détail)

Completed statue of Arthur Meighen (welded bronze sheeting; 1970) by the Quebec sculptor Marcel Braitstein

Statue terminée d'Arthur Meighen (feuilles de bronze soudées, 1970) par le sculpteur québécois Marcel Braitstein

Maquette (1966) of monument to Arthur Meighen by Marcel Braitstein

Maquette (1966) du monument à Arthur Meighen par Marcel Braitstein

Model of the proposed monument of R.B. Bennett (1966) by Toronto sculptor Elford Bradley Cox; proposed materials: pink Tennessee marble on a Swedish blue pearl granite base

Maquette du monument à R.B. Bennett (1966) proposé par le sculpteur torontois Elford Bradley Cox; matériaux proposés : marbre rose du Tennessee sur une base en granite bleu perle de Suède

Although commissioned at the same time as the statues of King and St-Laurent, the monuments to the Conservative Prime Ministers Arthur Meighen and R.B. Bennett had not fared as well. Although the statue of Meighen had been completed by 1970, it had not received final approval, while the proposed monument to Bennett had been rejected at the stage of the maquette. As Judy LaMarsh explained, her decision, with which many of her Cabinet colleagues agreed, was not intended to reflect on the artistic merit of the works. Rather, it was an assessment of their suitability as official and public portraits; they were not "primarily intended as works of art but as representations to future generations of the statesmen of the past." While receiving support from many in the arts community, the two statues were still further criticized several years later by another — and in this instance — less diplomatic politician. Alerted in 1974 to the "Mystery of the Missing Monuments," the former Conservative Prime Minister John Diefenbaker went on a search for the statues of his predecessors that had never been installed. While on finding them he approved of the statue of St-Laurent, he described the Bennett model as "a mummy," unidentifiable since the time of Tutankhamen, while the Meighen statue was for him "the greatest monstrosity ever produced — a mixture of Ichabod Crane and Daddy Longlegs."

Bien que commandés en même temps que les statues de King et de St-Laurent, les monuments en l'honneur des premiers ministres conservateurs Arthur Meighen et R.B. Bennett connurent un sort plutôt difficile. La statue de Meighen était terminée en 1970, mais elle n'avait pas encore reçu l'approbation finale, tandis que le monument proposé pour Bennett fut refusé dès l'étape de la maquette. Comme Judy LaMarsh l'expliqua, sa décision, avec laquelle de nombreux collègues de son Cabinet étaient d'accord, ne visait pas à porter un jugement sur le mérite artistique des œuvres. Elle touchait plutôt à l'évaluation de leur pertinence comme portraits officiels et publics; ces statues ne visaient pas «en principe, à être des œuvres d'art», mais avaient pour but «de permettre aux générations futures de se représenter les hommes d'État du passé». Bien qu'appuyées par de nombreux membres du milieu artistique, ces deux statues furent critiquées quelques années plus tard par un autre politicien, beaucoup moins diplomate cette fois. Informé en 1974 du «mystère des monuments disparus», l'ancien premier ministre conservateur John Diefenbaker se lança à la recherche des statues de ses prédécesseurs qui n'avaient jamais été installées. Après les avoir vues, il trouva acceptable la statue de St-Laurent, mais décrit la maquette de Bennett comme «une sorte de momie qu'on aurait peut-être pu identifier au temps de Toutânkhamon, mais jamais depuis», tandis que la statue de Meighen était selon lui «la pire monstruosité jamais fabriquée, un personnage dégingandé».

Monument to Louis St-Laurent, seen against the façade of Supreme Court of Canada

Monument St-Laurent devant la façade de la Cour suprême du Canada

View from the St-Laurent monument toward Parliament Hill, with the Justice Building visible on the right

Vue du monument St-Laurent en direction de la Colline du Parlement; on aperçoit l'Édifice de la Justice à droite

Model of the site originally planned for the monument to St-Laurent, in the courtyard beside the Confederation Building, showing one of the landscaping plans proposed

Maquette de l'emplacement prévu au départ pour le monument St-Laurent, dans la cour à côté de l'Édifice de la Confédération et montrant l'un des plans d'aménagement paysager proposé

The site originally chosen for the monument to St-Laurent, between the Confederation and Justice Buildings, was one of several that had been recommended for public statuary in 1966 by the British architect and planner, Sir Hugh Casson, at the request of the National Capital Commission. In 1975, however, at the insistence of the Prime Minister, Pierre Elliott Trudeau, a more prestigious site was chosen, in front of the Supreme Court of Canada, whose role as final court of appeal St-Laurent had helped to define, and where, during his long and distinguished career as a lawyer, he had pleaded over sixty cases. In addition, the monument faces the Justice Building, where from 1941 to 1946 he had served as Minister of Justice, while further to the east, it looks toward Parliament Hill, where from 1948 to 1957 he had served as Prime Minister of Canada.

(Left to right) William Dale (then Director of the National Gallery of Canada); Raoul Hunter; E.B. Cox; and Marcel Braitstein view the proposed sites for their monuments on Parliament Hill, Ottawa, July 26, 1966 (Imredy was also present; he took the photo)

(de gauche à droite) William Dale (alors directeur du Musée des beaux-arts du Canada); Raoul Hunter; E.B. Cox et Marcel Braitstein examinent les emplacements proposés pour leurs monuments sur la Colline du Parlement, Ottawa, 26 juillet 1966 (photo prise par Elek Imredy)

L'emplacement choisi au départ pour le monument à St-Laurent, entre l'Édifice de la Confédération et l'Édifice de la Justice, comptait parmi ceux qu'avait recommandé en 1966 l'architecte et urbaniste britannique Sir Hugh Casson, à la demande de la Commission de la Capitale nationale. En 1975 toutefois, à la demande du premier ministre Pierre Elliot Trudeau, on choisit un emplacement plus prestigieux. Selon le vœu du premier ministre Trudeau, la statue de Louis St-Laurent fut donc érigée sur les pelouses en face de la Cour suprême du Canada, endroit tout à fait désigné, puisque St-Laurent contribua à en définir le rôle comme instance suprême et que, pendant sa longue et brillante carrière d'avocat, il y plaida une soixantaine de causes. De plus, le monument fait face à l'Édifice de la Justice où, de 1941 à 1946, St-Laurent fut ministre de la Justice, et à l'est, où se trouve la Colline du Parlement et où St-Laurent fut premier ministre du Canada de 1948 à 1957.

Detail of map, showing the location originally proposed (d) for the St-Laurent monument, between the Justice Building (c) and the Confederation Building (e); it is now located (b) in front of the Supreme Court (a)

Détail du plan montrant l'emplacement proposé à l'origine pour le monument St-Laurent (d), entre l'Édifice de la Justice (c) et l'Édifice de la Confédération (e); le monument se trouve actuellement (b) devant la Cour suprême du Canada (a)

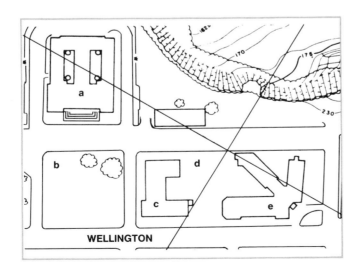

For his monument of St-Laurent, Imredy chose a seated figure, so that the statue would be "simple, quiet and showing strength without pose." In addition, he depicted him in the robes of a Queen's Counsel, which it had been St-Laurent's privilege to wear, and which would give to the statue "a timeless appearance." The scroll he holds in his hand was to be a "symbol of intellectual work," rather than a specific document, while the granite-faced pedestal was deliberately simple, wide, and low, so that the statue would be "approachable...a characteristic feature of the person." Indeed, as a warmly respected older statesman, St-Laurent was known affectionately to many Canadians as "Uncle Louis."

Pour son monument à St-Laurent, Imredy choisit de représenter St-Laurent assis, de sorte que la statue serait «simple, tranquille et dégagerait une vigueur non affectée». De plus, St-Laurent porte la toge des conseillers de la reine, comme il en avait le privilège, et qui donne à la statue une «impression d'intemporalité». Le rouleau que St-Laurent tient à la main symbolise «le travail intellectuel» plutôt qu'un document précis, tandis que le piédestal recouvert de granit est délibérément simple, large et bas, pour que la statue soit «abordable, qualité du personnage représenté». De fait, St-Laurent était un homme d'État vivement respecté et connu par de nombreux Canadiens sous le surnom affectueux d'«oncle Louis».

Monument to Louis St-Laurent, with the Eastern Memorial Building on the left

Monument à Louis St-Laurent, l'Immeuble commémoratif Est se trouve à la gauche

In his speech at the unveiling ceremonies on October 15, 1976, Prime Minister Trudeau spoke of St-Laurent with admiration and respect. A man of "order and reason, of measured, regular habits," he had been guided by his sense of duty to serve his country late in his life, "at an age where others are already considering retirement." Moreover, he continued, St-Laurent's deep love for Canada, his moral purpose, and his courage had not only won him world-wide recognition and acclaim, but were "a lesson and a salvation" for all of Canada.

Dans son discours prononcé aux cérémonies de dévoilement le 15 octobre 1976, le premier ministre Trudeau parlait de St-Laurent avec admiration et respect. Homme ‹ordonné et raisonnable, menant une vie rangée›, il avait été guidé par son sens du devoir et son désir de servir le pays ‹à l'âge où d'autres songent déjà à la retraite›. De plus, poursuivait Trudeau, l'amour profond que St-Laurent portait au Canada, son sens moral et son courage lui avaient mérité une reconnaissance et une admiration universelles mais avaient aussi été pour le pays tout entier ‹un enseignement et un salut›.

Unveiling ceremonies for the monument, with Prime Minister Pierre Elliott Trudeau (below the flag) unveiling the statue

Cérémonies de dévoilement du monument; le premier ministre Pierre Elliott Trudeau (sous le drapeau) dévoile la statue

Former Prime Minister John Diefenbaker at the unveiling ceremonies (detail)

L'ancien premier ministre John Diefenbaker aux cérémonies de dévoilement (détail)

After the ceremony, Pierre Elliott Trudeau and Elek Imredy are joined by some of St-Laurent's descendants: (left to right) Louis St-Laurent, a grandson; Jean-Paul St-Laurent, a son; Trudeau; Renault St-Laurent, a son; and Imredy

Après la cérémonie, Pierre Elliott Trudeau et Elek Imredy se joignent à quelques descendants de Louis St-Laurent: (de gauche à droite) Louis St-Laurent (petit-fils); Jean-Paul St-Laurent (fils); Trudeau; Renault St-Laurent (fils) et Elek Imredy

John Diefenbaker
(1895-1979)

On February 28, 1985, only six months after the election of Prime Minister Brian Mulroney, Pauline Browes, the Member of Parliament for Scarborough Centre, proposed in Parliament the erection of a monument to the former Conservative Prime Minister, John Diefenbaker. Introduced in honour of the man whose outstanding oratory had revealed "great pride and strength of spirit," thus captivating "the imagination of the people of Canada," the motion was passed unopposed in the House of Commons on the same day.

Le 28 février 1985, six mois seulement après l'élection du premier ministre Brian Mulroney, Pauline Browes, députée de Scarborough Centre, proposait au Parlement d'ériger un monument dédié à l'ancien premier ministre conservateur John Diefenbaker. Présentée afin de rendre hommage à l'homme dont les talents oratoires exceptionnels témoignaient d'«une grande fierté et d'une grande force de caractère» et ont donc «captivé l'imagination des Canadiens», la motion fut adoptée le jour même à l'unanimité par la Chambre des communes.

Pauline Browes

Pauline Browes

John Diefenbaker on a whistle stop in Kenaston, Saskatchewan during the election campaign, 1965 (detail)

John Diefenbaker pendant un arrêt bref à Kenaston, Saskatchewan, au cours de la campagne électorale de 1965 (détail)

John Diefenbaker watches as Leo Mol (left) works on his portrait head in his Centre Block office, Ottawa, November 11, 1975

John Diefenbaker surveille Leo Mol (gauche) en train de travailler à son effigie dans son bureau de l'Édifice du Centre, 11 novembre 1975

Bronze bust of Diefenbaker (1964) by Leo Mol (Saskatchewan Provincial Legislature, Regina)

Buste en bronze de Diefenbaker (1964) par Leo Mol (Parlement provincial de la Saskatchewan, Regina)

Of the twenty-one artists who expressed interest in the project, four were invited to submit proposals, which were to include models of their proposed design. In the selection of the artists, particular emphasis was placed on their previous experience in monumental bronze portrait statuary, and on an accurate portrait likeness. With the approval of the Hon. Roch La Salle, Minister of Public Works, and upon the recommendation of the committee appointed to oversee the project, the commission for the monument was awarded to the Winnipeg-based artist, Leo Mol. Mol, in fact, had known John Diefenbaker personally, and during his lifetime had undertaken two portrait studies of him, for which he had been given personal sittings. Indeed, along with his model he submitted his bronze portrait head of Diefenbaker, to serve as an indication of the portrait features in the finished statue.

Des 21 artistes ayant exprimé leur intérêt face au projet, quatre furent invités à présenter des propositions. Dans les critères de sélection, on insistait tout particulièrement sur leur expérience dans la réalisation de statues monumentales en bronze et sur la ressemblance du portrait. Avec l'approbation de l'honorable Roch La Salle, ministre des Travaux publics, et sur la recommandation du comité désigné pour surveiller le projet, l'exécution du monument fut confiée à Leo Mol, artiste de Winnipeg. Mol a connu John Diefenbaker personnellement et en a exécuté deux portraits pour lesquels Diefenbaker a posé. De fait, il accompagnait sa maquette d'une effigie en bronze de Diefenbaker afin de donner une idée de la ressemblance que pourrait avoir la statue.

Originally from the Ukraine, Leo Mol had been active as a sculptor, as well as a designer of stained glass, since he settled in Canada in 1948. His portraits of well-known Canadians include busts of the painters A.Y. Jackson and A.J. Casson, while his public monuments in Canada range from a statue of Queen Elizabeth II (in Winnipeg) to a memorial to the Canadian bush pilot, Tom Lamb, at the municipal airports in Edmonton and The Pas. Equally if not more active on the international level, he has created a large number of public monuments abroad, including two of the Ukrainian poet, Taras Shevchenko (for Buenos Aires, Argentina and Washington, D.C.), while among his many other commissions are a series of papal portraits for the Vatican, and a monument in Altötting, Germany, to commemorate the 1980 visit of Pope John Paul II.

Originaire d'Ukraine, Leo Mol réalise des sculptures et des vitraux depuis qu'il s'est établi au Canada en 1948. Ses portraits de Canadiens célèbres comprennent des bustes des peintres A.Y. Jackson et A.J. Casson, tandis que ses monuments publics au Canada vont d'une statue de la reine Elizabeth II (à Winnipeg) à un monument en l'honneur du pilote de brousse Tom Lamb aux aéroports municipaux d'Edmonton et du Pas. Tout aussi actif, sinon davantage, sur la scène internationale, il a créé de nombreux monuments publics à l'étranger dont deux du poète ukrainien Taras Tchevchenko (pour Buenos Aires, Argentine, et Washington, D.C.), tandis que ses nombreuses autres commandes comprennent une série de portraits de papes pour le Vatican et un monument érigé à Altötting en Allemagne afin de commémorer la visite du pape Jean-Paul II en 1980.

As Mol explained, in his model for the monument he composed the figure of Diefenbaker so as "to bring out the dynamism that was so characteristic of the man." Wearing a double-breasted suit and an overcoat, he strides forward in a purposeful manner, carrying under his arm a folio bearing the inscription: The Canadian Bill of Rights. One of the major pieces of legislation that Diefenbaker introduced during his term of office, it was passed in the House of Commons in 1960. For the first time, as Mrs. Browes commented, a written statute set out "the fundamental rights of individual Canadians which must be respected under federal law."

Comme Mol l'expliquait, il a composé la figure de Diefenbaker pour qu'elle ‹fasse ressortir le dynamisme si caractéristique de l'homme›. Vêtu d'un complet croisé et d'un manteau, il s'avance d'un pas décidé, tenant sous le bras un document portant l'inscription : The Canadian Bill of Rights — La Déclaration canadienne des droits. Un des grands projets de loi présentés par Diefenbaker pendant son mandat, cette déclaration a été adoptée à la Chambre des communes en 1960. Pour la première fois, soulignait Mme Browes, un texte de loi établissait ‹les libertés et les droits fondamentaux des Canadiens qui doivent être respectés en vertu de la loi fédérale›.

Model for the monument to Diefenbaker (1985) by Leo Mol

Maquette pour le monument Diefenbaker (1985) par Leo Mol

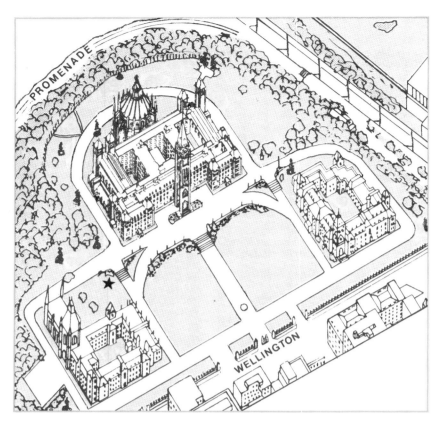

Detail of map showing the intended site for the monument

Détail du plan montrant l'emplacement prévu du monument

Model for the monument to Diefenbaker (1985) by Leo Mol

Maquette pour le monument Diefenbaker (1985) par Leo Mol

Bird's eye view of the site proposed for the monument, on the lawn (centre), just to the north of West Block (centre left)

Vue à vol d'oiseau de l'emplacement proposé pour le monument, sur les pelouses (centre), juste au nord de l'Édifice de l'Ouest (centre gauche)

In the completed monument, the bronze portrait statue of Diefenbaker will be placed on a granite pedestal composed of a solid, block-like base resting on a low platform. To be placed on Parliament Hill, it will be located on the lawn just to the north of West Block, a site selected for it by the committee, and corresponding to Diefenbaker's own wishes to have his statue placed near Centre Block. Further, at the request of the artist, the monument will be oriented to face in a southeasterly direction. In many ways, this location is particularly appropriate for a man who was, as many have observed, a parliamentarian at heart — whether as Prime Minister, as Leader of the Opposition, or simply as an Honourable Member. For as he steps forward toward the city, his head will remain turned to his left — as if still keeping a close watch on Centre Block and the proceedings of the House.

The unveiling of the monument is scheduled for the 91st anniversary of Diefenbaker's birth, September 18, 1986.

Lorsque le monument sera terminé, la statue en bronze de Diefenbaker sera placée sur un piédestal en granit composé d'une base solide et massive reposant sur une plate-forme peu élevée. Le monument sera érigé sur la Colline du Parlement, juste au nord de l'Édifice de l'Ouest, à un endroit recommandé par le comité et qui répond au désir de Diefenbaker que sa statue soit placée près de l'Édifice du Centre. À la demande de l'artiste, le monument fera face au sud-est. À bien des égards, cet endroit convient tout particulièrement dans le cas d'un homme qui, comme plusieurs l'ont fait remarqué, était un parlementaire du plus profond de son âme, que ce soit comme premier ministre, comme chef de l'Opposition ou comme simple député. S'avançant vers la ville, il tournera la tête vers la gauche, comme pour continuer de surveiller étroitement l'Édifice du Centre et les délibérations de la Chambre.

Le monument devrait être dévoilé à l'occasion du 91e anniversaire de naissance de Diefenbaker, le 18 septembre 1986.

John Diefenbaker, 1964, with beside him one of his favourite art works, a copy of the statuette of Sir John A. Macdonald by Louis-Philippe Hébert

John Diefenbaker, 1964; à ses côtés une de ses œuvres d'art favorites, une reproduction de la statuette de Sir John A. Macdonald, par Louis-Philippe Hébert

Biographical Notes

Notes biographiques

Robert Baldwin

Born on May 12, 1804 at York (Toronto), Upper Canada, the lawyer and politician Robert Baldwin was one of the foremost proponents in Upper Canada of the peaceful achievement of responsible government. Although eager for reform, he had not supported the rebellion of 1837, led by such men as William Lyon Mackenzie. Instead, he formed a joint ministry with his counterpart in the reform movement in Lower Canada, Louis-Hippolyte Lafontaine, first in 1842-1843, and again in 1848 to 1851. During this second joint ministry, sometimes called their 'Great Ministry,' legislation such as the Rebellion Losses Bill was passed, thus firmly establishing the principle of responsible government in Canada. Following his resignation in 1851, Baldwin retired to private life; was created a Companion of the Order of Bath (C.B., 1854); and gave his approval to the union of the Conservatives and the "Baldwin Liberals" in what came to be known as the Liberal-Conservative Party. He died in Toronto on December 9, 1858.

Robert Baldwin

Né le 12 mai 1804 à York (Toronto), Haut-Canada, l'avocat et politicien Robert Baldwin est l'un des plus ardents défenseurs au Haut-Canada de l'obtention d'un gouvernement responsable par des moyens pacifiques. Bien que partisan des réformes, il n'appuie pas la rébellion de 1837, dirigée par des hommes tels que William Lyon Mackenzie. Il forme plutôt un Cabinet avec Louis-Hippolyte Lafontaine, son homologue du mouvement réformiste au Bas-Canada, d'abord en 1842-1843, puis de 1848 à 1851. Pendant ce second ministère conjoint, appelé parfois leur «grand ministère», sont adoptées des lois comme la Loi sur les indemnités aux victimes de la révolution, qui établissent fermement le principe du gouvernement responsable au Canada. Après avoir démissionné en 1851, Baldwin quitte la vie politique; il est fait compagnon de l'ordre de Bath (1854) et approuve l'union des conservateurs et des «libéraux de Baldwin», qui allait devenir le parti des libéraux-conservateurs. Il meurt à Toronto le 9 décembre 1858.

Sir Robert Borden

Robert Laird Borden was born at Grand Pré, Nova Scotia on June 26, 1854. Educated in Nova Scotia, he was called to the bar in 1878, and by 1890, was head of a distinguished law firm in Halifax. By 1896, he had been elected a Member of Parliament, serving from 1896 to 1904 and from 1905 to 1921, while in 1901 he became leader of the Liberal-Conservative Party. From 1911 to 1920, Borden served as Canada's eighth Prime Minister, acting as his own Secretary of State for External Affairs (1912-1920), and leading Canada through the difficult years of the First World War. In 1919, he served as the chief plenipotentiary delegate of Canada at the Peace Conference held in Versailles, but retired from active political life soon after. He died in Ottawa on June 10, 1937.

Sir Robert Borden

Robert Laird Borden naît à Grand-Pré, Nouvelle-Écosse, le 26 juin 1854. Après ses études en Nouvelle-Écosse, il est reçu au Barreau en 1878 et, en 1890, dirige un important cabinet d'avocats à Halifax. En 1896, il est élu député et se retrouve au Parlement de 1896 à 1904, puis de 1905 à 1921. En 1901, il devient chef du parti libéral-conservateur. De 1911 à 1920, il est le huitième premier ministre du Canada, occupe en même temps le poste de secrétaire d'État aux Affaires extérieures (1912-1920) et dirige le Canada pendant les années difficiles de la Première Guerre mondiale. En 1919, il est délégué plénipotentiaire général du Canada à la conférence sur la paix qui a lieu à Versailles, mais se retire de la vie politique active peu de temps après. Il meurt à Ottawa le 10 juin 1937.

George Brown

Born at Alloa, Scotland on November 29, 1818, George Brown emigrated to North America with his father in 1838, settling first in New York and later in Toronto (1843). Founding the *Globe* newspaper in 1844 to give further support to the Reformers, he continued to use the paper for nearly four more decades as a major force in Canadian political life. Serving as a Member (intermittently) from the 1850's until 1867, he later fought equally hard in the cause of Confederation. Although he left Parliament in 1867 to return to private life and the *Globe*, he remained an influential figure in both Ontario and federal political life, and served as a senator from 1873 until his death. Shot by a former employee, he died in Toronto on May 9, 1880.

George Brown

Né à Alloa, Écosse, le 29 novembre 1818, George Brown émigre en Amérique avec son père en 1838, s'établissant d'abord à New York, puis à Toronto (1843). Fondateur en 1844 du *Globe*, journal destiné à appuyer les réformistes, il continue de se servir de ce journal pendant près de 40 ans comme force importante de la vie politique canadienne. Député (intermittent) des années 1850 jusqu'en 1867, il lutte ensuite tout aussi farouchement pour la cause de la Confédération. Il quitte la vie politique en 1867 pour retourner au *Globe*, mais demeure un personnage influent dans la vie politique ontarienne et fédérale et devient sénateur en 1873. Abattu par un employé congédié, il meurt à Toronto le 9 mai 1880.

Sir George-Etienne Cartier

George-Etienne Cartier was born on September 6, 1814, at St-Antoine-sur-Richelieu, Lower Canada. Called to the bar in 1835, he soon joined the *patriote* cause, fighting in the Rebellion of 1837 in Lower Canada. Although banished briefly from Canada, he soon re-established his law practice in Montreal, and by 1848, was elected to the Legislative Assembly of Canada. Holding such positions during the 1850's and 1860's as Attorney General for Canada East, he also formed a joint ministry for the Province of Canada from 1857 to 1862 with John A. Macdonald, thus serving as joint premier. He also played a major role in the movement for Confederation, and was created a Baronet of the United Kingdom in 1868. Among the songs he composed himself, the best known is "O Canada, mon pays, mes amours" (O Canada, my country, my loves). He died in London, England, on May 20, 1873.

Sir George-Étienne Cartier

George-Étienne Cartier naît le 6 septembre 1814 à Saint-Antoine-sur-Richelieu, Bas-Canada. Reçu au Barreau en 1835, il appuie bientôt la cause des Patriotes et prend part à la Rébellion de 1837 au Bas-Canada. Bien que banni brièvement du Canada, il reprend bientôt la pratique du droit à Montréal et, en 1848, il est élu à l'Assemblée législative du Canada. Occupant des postes tels que procureur général pour le Canada Est dans les années 1850 et 1860, il dirige avec John A. Macdonald la province du Canada de 1857 à 1862 et partage avec lui le poste de premier ministre. Il joue aussi un rôle important dans le mouvement qui mènera à la naissance de la Confédération et reçoit le titre de baronnet en 1868. Compositeur à ses heures, sa chanson la plus connue est ‹Ô Canada, mon pays, mes amours›. Il meurt à Londres, le 20 mai 1873.

John Diefenbaker

Canada's 13th Prime Minister, John George Diefenbaker was born on September 18, 1895, in Neustadt, Ontario. He moved west with his family in 1903, settling in Saskatoon in 1910. After serving in the army during the First World War, he completed his law degree, and established a law office in Wakaw, and later in Prince Albert, Saskatchewan, soon gaining renown as a defence lawyer. First elected to the House of Commons in 1940, he assumed the leadership of the Progressive Conservative Party in 1956, and the following year, became Prime Minister of Canada (1957-1963). During his administration, he introduced the Canadian Bill of Rights; granted the federal franchise to Canada's native peoples; appointed the first woman to the federal Cabinet (Ellen Louks Fairclough); and increased awareness of Canada's Far North. The author of *One Canada*, a 3-volume collection of his memoirs, he continued to serve as a Member of the House of Commons until his death, in Ottawa, on August 16, 1979.

John Diefenbaker

Treizième premier ministre du Canada, John George Diefenbaker est né le 18 septembre 1895 à Neustadt, Ontario. Il émigre dans l'Ouest avec ses parents en 1903 et s'établit à Saskatoon en 1910. Après avoir servi dans l'armée pendant la Première Guerre mondiale, il fait ses études de droit et fonde un cabinet à Wakaw, puis à Prince Albert, Saskatchewan, où il s'établit rapidement une solide réputation à titre d'avocat de la défense. Il est élu pour la première fois à la Chambre des communes en 1940, devient chef du parti conservateur en 1956, et premier ministre du Canada l'année suivante (1957-1963). Sous sa gouverne, il présente la Déclaration canadienne des droits, accorde des droits aux autochtones, nomme la première femme au Cabinet (Ellen Louks Fairclough) et sensibilise les Canadiens au Grand Nord. Auteur de *One Canada*, recueil de mémoires en trois volumes, il reste député à la Chambre des communes jusqu'à sa mort à Ottawa, le 16 août 1979.

William Lyon Mackenzie King

Born at Berlin (now Kitchener), Ontario, on December 17, 1874, William Lyon Mackenzie King graduated from the University of Toronto, and undertook further study in the U.S.A. before becoming Deputy Minister of Canada's new Department of Labour in 1900. By 1908, he had been elected as a Member of Parliament, and by 1909, had become Minister of Labour in the administration of Sir Wilfrid Laurier. During the First World War, he was employed as a labour consultant by the Rockefeller Foundation, but in 1919, after the death of Laurier, he was made leader of the Liberal Party in Canada. By 1921, he had been elected Prime Minister of Canada, a position he would continue to hold from 1921 to 1926, 1926 to 1930, and 1935 to 1948. He died at his country estate near Kingsmere, Quebec on July 22, 1950.

William Lyon Mackenzie King

Né à Berlin (Kitchener), Ontario, le 17 décembre 1874, William Lyon Mackenzie King obtient un diplôme de l'Université de Toronto et poursuit ses études aux États-Unis avant de devenir en 1900 sous-ministre du ministère du Travail du Canada, créé cette année-là. En 1908, il est élu député et, en 1909, devient ministre du Travail dans le Cabinet de Sir Wilfrid Laurier. Pendant la Première Guerre mondiale, il travaille comme expert en relations du travail à la Fondation Rockefeller, et en 1919, après la mort de Laurier, il prend la tête du parti libéral du Canada. En 1921, il devient premier ministre du Canada, poste qu'il occupe de 1921 à 1926, de 1926 à 1930 et de 1935 à 1948. Il meurt à son domaine de campagne près de Kingsmere, Québec, le 22 juillet 1950.

Sir Louis-Hippolyte Lafontaine

The distinguished laywer and politician, Louis-Hippolyte Lafontaine, was born on October 4, 1807, near Boucherville, Lower Canada. Although eager for reform, he did not support an armed rebellion in 1837; so that although he was later arrested, he was freed again without trial. Like Baldwin in Upper Canada, he became the leader in Lower Canada of a group of reformers who sought to establish responsible government in Canada. To this end, he formed two joint administrations with Baldwin: in 1842 to 1843, and in 1848 to 1851, their second or 'Great Ministry.' In 1848, he introduced into the assembly the Rebellion Losses Bill, which, when finally signed by the Governor General Lord Elgin, helped to establish the principles of parliamentary or responsible government in Canada. He retired from public life in 1851, shortly after Baldwin; was appointed Chief Justice of Lower Canada in 1853; and was created Baronet of the United Kingdom in 1854. He died in Montreal on February 26, 1854.

Sir Louis-Hippolyte Lafontaine

Avocat et politicien émérite, Louis-Hippolyte Lafontaine naît le 4 octobre 1804 près de Boucherville, Bas-Canada. Bien que partisan des réformes, il n'appuie pas la rébellion de 1837, de sorte que même s'il est arrêté par la suite, on le libère sans procès. Tout comme Baldwin au Haut-Canada, il prend la tête au Bas-Canada d'un groupe de réformistes qui cherchent à établir un gouvernement responsable au Canada. À cette fin, il forme à deux reprises un Cabinet avec Baldwin; la première fois en 1842-1843 et la seconde, de 1848 à 1851, pendant leur «grand ministère». En 1848, il présente à l'Assemblée le projet de loi sur les indemnités aux victimes de la révolution qui, lorsqu'enfin signé par le gouverneur général Elgin, contribue à établir les principes du gouvernement parlementaire ou responsable au Canada. Il quitte la vie politique en 1851, peu de temps après Baldwin, est nommé juge en chef du Bas-Canada en 1853 et fait baronnet en 1854. Il meurt à Montréal le 26 février 1854.

Sir Wilfrid Laurier

Born at St. Lin, Quebec on November 20, 1841, Wilfrid Laurier first practised law in Montreal, and published a newspaper in Arthabaska before entering politics. Serving first as a member of the Quebec legislature (1871-1874), he entered federal politics in 1874, where he remained active until 1919. In 1877, he was appointed as a Cabinet Minister in the administration of Alexander Mackenzie; in 1887, he became leader of the Liberal Party; and from 1896 to 1911, he served as Prime Minister of Canada. Although loyal to Great Britain, Laurier also supported efforts to give Canada greater autonomy: under his administration, for instance, the last British troops were withdrawn from Canada; the policy of a Canadian navy was inaugurated; and Canada took responsibility for the defence of her own shores. He died in Ottawa on February 17, 1919.

Sir Wilfrid Laurier

Né à St-Lin, Québec, le 20 novembre 1841, Wilfrid Laurier pratique le droit à Montréal et publie un journal dans l'Arthabaska avant d'entrer en politique. Élu d'abord au parlement provincial (1871-1874), il fait son entrée sur la scène politique fédérale en 1874 et y reste jusqu'en 1919. En 1877, il est nommé ministre au sein du Cabinet d'Alexander Mackenzie et, de 1896 à 1911, il est premier ministre du Canada. Malgré sa loyauté envers la Grande-Bretagne, Laurier appuie aussi les efforts pour que le Canada dispose d'une plus grande autonomie. C'est sous Laurier, par exemple, que les dernières troupes britanniques quittent le Canada, que la politique d'une marine canadienne est adoptée et que le Canada assume la responsabilité de la défense de ses côtes. Il meurt à Ottawa le 17 février 1919.

Sir John A. Macdonald

John Alexander Macdonald was born on January 11, 1815 in Glasgow, Scotland. He emigrated with his parents in 1820, settling in Kingston, Upper Canada and vicinity, where he later established a law practice. Elected to the Legislative Assembly for the first time in 1844, he later held such positions as the Attorney General for Canada West, while from 1857 to 1862 he served as joint premier with Sir George-Etienne Cartier for the Province of Canada. Playing a major role in forming the coalition known as the Liberal-Conservatives, which later became the Conservative Party of Canada, he also fought diligently for Canadian Confederation, becoming the new Dominion's first Prime Minister. He served in that capacity from 1867 to 1873, and from 1878 until his death in Ottawa, while still in office, on June 6, 1891.

Sir John A. Macdonald

John A. Macdonald naît le 11 janvier 1815 à Glasgow, en Écosse. Il émigre en 1820 avec ses parents, qui s'établissent près de Kingston, Haut-Canada, où il pratiquera plus tard le droit. Élu à la l'Assemblée législative pour la première fois en 1844, il occupe ensuite des postes tels que procureur général du Canada Ouest et, de 1857 à 1862, partage le poste de premier ministre de la province du Canada avec Sir George-Étienne Cartier. Instigateur important de la coalition connue sous le nom de libéraux-conservateurs, qui deviendra plus tard le parti conservateur du Canada, il lutte ardemment pour la Confédération canadienne et est le premier à devenir premier ministre du nouveau dominion. Il occupe cette fonction de 1867 à 1873, puis de 1878 jusqu'à son décès à Ottawa, le 6 juin 1891.

Alexander Mackenzie

Alexander Mackenzie was born on January 28, 1822 near Dunkeld, Scotland. Trained as a stonemason, he emigrated to Canada in 1842, becoming a builder and contractor at Kingston and later in Sarnia. In the 1850's, he became active in politics, editing the *Lambton Shield*, a Reform newspaper, and by 1861, he had been elected to the Legislative Assembly of Canada. He continued to serve as a Member of Parliament following Confederation, becoming leader of the federal Liberal Party in 1873, the same year he helped to defeat the administration of Sir John A. Macdonald. From 1873 to 1878 he served as Canada's first Liberal Prime Minister, but shortly after his defeat, he resigned as party leader (1880). Although continuing to serve as a Member until 1892, his last years were characterized by withdrawal from public life and by ill health. He died in Toronto, Ontario, on April 17, 1892.

Alexander Mackenzie

Alexander Mackenzie naît le 28 janvier 1822 près de Dunkeld, en Écosse. Après avoir reçu une formation de maçon, il émigre au Canada en 1842 et devient entrepreneur-constructeur à Kingston, puis à Sarnia. Dans les années 1850, il commence à s'engager politiquement, devenant directeur du *Lambton Shield*, journal de la réforme. En 1861, il est élu à l'Assemblée législative du Canada. Il reste député après l'avènement de la Confédération et devient chef du parti libéral fédéral en 1873. La même année, il contribue à la défaite du gouvernement de Sir John A. Macdonald. De 1873 à 1878, il est le premier libéral à occuper le poste de premier ministre, mais peu après sa défaite, il démissionne de la tête du parti (1880). Bien qu'il reste député jusqu'en 1892, les dernières années de sa vie sont marquées par un retrait de la vie publique et des ennuis de santé. Il meurt à Toronto, le 17 avril 1892.

Thomas D'Arcy McGee

Born at Carlingford, Ireland on April 13, 1825, Thomas D'Arcy McGee did not arrive in Canada until 1857. Before then, he had been active in both Ireland and the U.S.A., primarily in the field of journalism, an activity he continued after settling in Montreal. Elected to the Assembly in 1858, he worked at first with George Brown, but in 1863 joined instead the Conservatives of John A. Macdonald. A strong advocate of Confederation, he served in the "Great Coalition," and was active in the conferences leading up to Confederation in 1867. An eloquent public speaker, he also wrote poetry, and many studies of Irish history. Shot and killed in Ottawa on April 7, 1868, McGee is believed by many to have been the victim of a Fenian.

Thomas D'Arcy McGee

Né à Carlingford, Irlande, le 13 avril 1825, Thomas D'Arcy McGee n'arrive au Canada qu'en 1857. Avant de venir au Canada, il travaille surtout comme journaliste en Irlande et aux États-Unis. Il poursuit cette carrière après s'être établi à Montréal. Élu à l'Assemblée en 1858, il travaille d'abord avec George Brown mais, en 1863, il se rallie aux conservateurs de John A. Macdonald. Farouche partisan de la Confédération, il participe à la ‹Grande coalition› et aux conférences qui aboutissent à la Confédération en 1867. Orateur éloquent, il écrit, compose de la poésie et rédige de nombreuses études sur l'histoire de l'Irlande. McGee est tué à Ottawa le 7 avril 1868. Selon certains historiens, un Fenian serait responsable de cet assassinat.

Louis St-Laurent

Born on February 1, 1882, at Compton, Quebec, Louis Stephen St-Laurent became a prominent lawyer in Quebec, and served as the president of the Canadian Bar Association (1930-1932) before entering the administration of William Lyon Mackenzie King in 1941, as Minister of Justice. Following the Second World War, he served as Secretary of State for External Affairs; in 1948, succeeded King as leader of the Liberal Party; and in the same year, became Prime Minister of Canada. During his administration, Newfoundland entered Confederation; the first Canadian-born Governor General was appointed (Vincent Massey, in 1952); Canada's ties to NATO were strengthened; and Canada sent forces to fight for the United Nations in Korea. Defeated in 1957 by the Conservatives under John Diefenbaker, he returned to private life and his law practice in 1958. He died in Quebec City on July 25, 1973.

Louis St-Laurent

Né le 1ᵉʳ février 1882 à Compton, Québec, Louis Stephen St-Laurent est un avocat éminent du Québec lorsqu'il devient président de l'Association du Barreau canadien (1930-1932). Il entre en 1941 dans le Cabinet de William Lyon Mackenzie King, à titre de ministre de la Justice. Après la Deuxième Guerre mondiale, il est nommé secrétaire d'État aux affaires extérieures. En 1948, il succède à W.L.M. King à la tête du parti libéral et, la même année, devient premier ministre du Canada. Sous sa gouverne, Terre-Neuve entre dans la Confédération, le premier gouverneur général d'origine canadienne (Vincent Massey en 1952) est nommé, le Canada renforce ses liens avec l'OTAN et envoie des troupes combattre dans les rangs des forces des Nations Unies en Corée. Battu en 1957 par les conservateurs dirigés par John Diefenbaker, il délaisse la politique et retourne à la pratique du droit en 1958. Il meurt à Québec le 25 juillet 1973.

Queen Victoria

The Princess Alexandrina Victoria was born in London, England, on May 24, 1819. A granddaughter of King George III, she ascended to the throne of Great Britain on June 20, 1837, at age 18, thus beginning the longest reign in British history. In 1840, she married Prince Albert of Saxe-Cobourg-Gotha; and despite a prolonged period of mourning, following his death in 1861, she remained popular with her subjects. The 50th year of her reign, or Golden Jubilee, was celebrated in 1887, and the Diamond Jubilee, or 60th year, in 1897. She died on January 22, 1901, and was succeeded by her son, Edward VII. Although there were rebellions in both Upper and Lower Canada during the first year of her reign, by 1867 she was able to proclaim the peaceful Confederation of a new Canadian Dominion.

La reine Victoria

La princesse Alexandrina Victoria naît à Londres, le 24 mai 1819. Petite-fille du roi George III, elle accède au trône de la Grande-Bretagne le 20 juin 1837, à l'âge de 18 ans, et entreprend ainsi le plus long règne de l'histoire britannique. En 1840, elle épouse le prince Albert de Saxe-Cogourg-Gotha et, malgré un deuil prolongé après le décès de son mari en 1861, elle reste populaire auprès de ses sujets. Le Jubilé d'or marquant cinquante ans de règne fut célébré en 1887 et le Jubilé de diamant soulignant soixante ans de règne, en 1897. À sa mort le 22 janvier 1901, son fils Édouard VII lui succède. Malgré les rébellions au Haut et au Bas-Canada pendant la première année de son règne, elle peut proclamer la confédération pacifique d'un nouveau dominion canadien.

Sources

Sources consulted include the following: the Public Archives of Canada, Ottawa (primarily the records of the Department of Public Works (RG11) and the Prime Ministers' Archives (MG26)); Curatorial Archives, the National Gallery of Canada, Ottawa; the departmental records of Public Works Canada and the Department of the Secretary of State; and Canada, *House of Commons Debates, Official Report.*

Sources

Les sources consultées comprennent les Archives publiques du Canada, Ottawa (surtout les dossiers du Ministère des Travaux publics (RG11) et les archives des premiers ministres (MG26); les Archives de la conservation, Musée des beaux arts du Canada, Ottawa; les dossiers ministériels de Travaux publics Canada et du Secrétariat du Canada; et Canada, *Débats de la Chambre des communes, Compte rendu officiel.*

Photo Credits
Crédits photographiques

The National Capital Commission wishes to express its thanks to the many organizations and individuals named below for granting their permission to reproduce the photographs included in this book.

Unless otherwise stated, the information listed below will be given in the following order: photographer (if known); collection or owner of photograph (if known); negative number (where applicable); other. The location of the photographs on each page will be indicated as follows: (b) bottom; (c) centre; (l) left; (r) right; (t) top.

Sir George-Etienne Cartier

p. 8: Public Archives of Canada, Ottawa (hereafter PAC); unless otherwise stated, all photographs listed as being in the Public Archives of Canada are in its National Photography Collection/PAC/C-2162; p. 9: W.J. Topley/PAC/C-6388; p. 10: (l) W.J. Topley/PAC/C-14246; (r) PAC/PA-143536; p. 11: (l) Courtesy of the Government of Ontario Art Collection, Queen's Park, Toronto, Ontario/T.E. Moore Photography, Toronto; (r) National Capital Commission (hereafter, NCC); p. 12: (l) & (r) Private Collection; p. 13: NCC; p. 14: (t) PAC/PA-12388; (b) W.J. Topley/PAC/PA-12389; p. 15: S. McLaughlin/PAC/C-3760

Sir John A. Macdonald

p. 18: PAC/PA-34028; p. 19: PAC/PA-69978; p. 20: (l) W.J. Topley/PAC/PA-8593; (r) Priv. Coll.; p. 21: (l) PAC/C-79448; PAC, RG11, vol. 879, docket 131657, June 20, 1892, G.W. Hill (Paris) to Sir Charles Tupper (London); (r) Courtesy of the Government of Ontario Art Collection, Queen's Park, Toronto/T.E. Moore Photography, Toronto; p. 22: NCC; p. 23: Photo by Ted Grant; p. 24: (l) W.J. Topley/PAC/PA-27884; (r) W.J. Topley/PAC/PA-8430; p. 25: PAC/C-2987

La Commission de la Capitale nationale désire remercier les organismes et les personnes dont le nom figure ci-dessous de lui avoir permis de reproduire les photographies contenues dans cet ouvrage.

À moins d'indication contraire, les renseignements fournis ci-dessous sont dans l'ordre suivant : photographe (s'il est connu); collection ou propriétaire de la photo (si connu); numéro de négatif (le cas échéant); divers. La disposition des photos sera indiquée comme suit: (b.) bas; (c.) centre; (d.) droit; (g.) gauche; (h.) haut.

Sir George-Étienne Cartier

p. 8: Archives publiques du Canada (ci-après APC); sauf indication contraire, toutes les photographies provenant des Archives publiques du Canada se trouvent dans la Collection nationale de photographies/APC/C-2162; p. 9: W.J. Topley/APC/C-6388; p. 10: (g.) W.J. Topley/APC/C-14246; (d.) APC/PA-143536; p. 11: (g.) Compliments de la Collection d'œuvres d'art du gouvernement de l'Ontario, Queen's Park, Toronto, Ontario/T.E. Moore Photography, Toronto; (d.) Commission de la Capitale nationale (ci-après CCN); p. 12: (g.) et (d.) Collection privée; p. 13: CCN; p. 14: (h.) APC/PA-12388; (b.) W.J. Topley/APC/PA-12389; p. 15: S. McLaughlin/APC/C-3760

Sir John A. Macdonald

p. 18: APC/PA-34028; p. 19: APC/PA-69978; p. 20: (g.) W.J. Topley/APC/PA-8593; (d.) Coll. priv.; p. 21: (g.) APC/C-79448; APC, RG11, vol. 879, fiche 131657, 20 juin 1892, G.W. Hill (Paris) à Sir Charles Tupper (Londres); (d.) Compliments de la Collection d'œuvres d'art du gouvernement de l'Ontario/T.E. Moore Photography, Toronto; p. 22: CCN; p. 23: Photo de Ted Grant; p. 24: (g.) W.J. Topley/APC/PA-27884; (d.) W.J. Topley/APC/PA-8430; p. 25: APC/C-2987

Alexander Mackenzie

p. 28: PAC/C-20052; p. 29: National Medal Collection, Picture Division, PAC/C-82264 (obverse) and C-82241 (reverse); p. 30: (l) W.J. Topley/PAC/PA-25303; (r) Courtesy of the Government of Ontario Art Collection, Queen's Park, Toronto/T.E. Moore Photography, Toronto; p. 31: Beresford B. Pinkerton/PAC/PA-121488; p. 32: (l) NCC; (r) Priv. Coll.; p. 33: NCC; p. 34: National Medal Collection, Picture Division, PAC/C-53775 (obv. Tarte) and C-53774 (rev.); p. 35: (t) J. Woodruff/PAC/C-34257; (b) PAC/PA-126924

Queen Victoria

p. 38: W.&D. Downey, London, England/PAC/C-19313; p. 39: (l) National Medal Collection, Picture Division, PAC/C-82261 (obv.); (r) PAC/C-28727; p. 40: (l) W.J. Topley/PAC/PA-8352; (r) Priv. Coll.; p. 41: (l) Priv. Coll.; (r) PAC/PA-48107; p. 42: (l) & (r) Priv. Coll.; p. 43: NCC; p. 44: (tl) S. McLaughlin/PAC/C-6996; (tr) National Medal Collection, Picture Division, PAC/C-82273 (obv.); (b) *Illustrated Times*, May 30, 1863, p. 377; Picture Division, PAC/C-20425; p. 45: W.J. Topley/PAC/PA-11810

Harper Memorial (Sir Galahad)

p. 48: (l) Lancefield's Studio, Ottawa/PAC/PA-126941; (r) PAC/C-2858; p. 49: (t) W.J. Topley/PAC/PA-27975; (b) W.J. Topley/PAC/PA-126942; (r) PAC/PA-124433; p. 50: (l) PAC/PA-126945; (r) Courtesy of Eton College Collections, Eton College, Windsor, England; p. 51: (l) W.J. Topley/PAC/PA-33803; (r) W.J. Topley/PAC/PA-27934; p. 52: (l) S.J. Jarvis Studio, Ottawa/PAC/PA-135156; (r) Priv. Coll.; p. 53: (l) Topley Studio, Ottawa/PAC/PA-135149; (c) PAC/PA-135150; (r) A.B. Bogart, N.Y./PAC/PA-135151; p. 54: (l) S.J. Jarvis/PAC/PA-24994; (r) PAC/PA-103174; p. 55: (tl) NCC; (tr) PAC/C-3184; (bl) National Medal Collection, Picture Division, PAC/C-83278; (br) Priv. Coll.; p. 56: PAC/PA-135154; p. 57: PAC/C-46327

Alexander Mackenzie

p. 28: APC/C-20052; p. 29: Collection nationale de médailles, Division de l'iconographie, APC/C-82264 (avers) et C-82241 (revers); p. 30: (g.) W.J. Topley/APC/PA-25303; (d.) Compliments de la Collection d'œuvres d'art du gouvernement de l'Ontario, Queen's Park, Toronto/T.E. Moore Photography, Toronto; p. 31: Beresford B. Pinkerton/APC/PA-121488; p. 32: (g.) CCN; (d.) Coll. priv.; p. 33: CCN; p. 34: Collection nationale de médailles, Division de l'iconographie, APC/C-53775 (avers, Tarte) et C-53774 (revers); p. 35: (h.) J. Woodruff/APC/C-34257; (b.) APC/PA-126924

La Reine Victoria

p. 38: W. & D. Downey, Londres, Angleterre/APC/C-19313; p. 39: (g.) Collection nationale de médailles, Division de l'iconographie, APC/C-82261 (avers); (d.) APC/C-28727; p. 40: (g.) W.J. Topley/APC/PA-8352; (d.) Coll. priv.; p. 41: (g.) Coll. priv.; (d.) APC/PA-48107; p. 42: (g.) et (d.) Coll. priv.; p. 43: CCN; p. 44: (coin supérieur gauche) S. McLaughlin/APC/C-6996; (coin supérieur droit) Collection nationale de médailles, Division de l'iconographie, APC/C-82273 (avers); (bas) *Illustrated Times*, 30 mai 1863, p. 377; Division de l'iconographie, APC/C-20425; p. 45: W.J. Topley/APC/PA-11810

Le monument commémoratif Harper (Galaad)

p. 48: (g.) Lancefield's Studio, Ottawa/APC/PA-126941; (d.) APC/C-2858; p. 49: (h.) W.J. Topley/APC/PA-27975; (b.) W.J. Topley/APC/PA-126942; (d.) APC/PA-124433; p. 50: (g.) APC/PA-126945; (d.) Compliments des Collections du Collège Eton, Collège Eton, Windsor, Angleterre; p. 51: (g.) W.J. Topley/APC/PA-33803; (d.) W.J. Topley/APC/PA-27934; p. 52: (g.) S.J. Jarvis Studio, Ottawa/APC/PA-135156; (d.) Coll. priv.; p. 53: (g.) Topley Studio, Ottawa/APC/PA-135149; (c.) APC/PA-135150; (d.) A.B. Bogart, N.Y./APC/PA-135151; p. 54: (g.) S.J. Jarvis/APC/PA-24994; (d.) APC/PA-103174; p. 55: (coin supérieur gauche) CCN; (coin supérieur droit) APC/C-3184; (coin inférieur gauche) Collection nationale de médailles, Division de l'iconographie, APC/C-83278; (coin inférieur droit) Coll. priv.; p. 56: APC/PA-135154; p. 57: APC/C-46327

Baldwin and Lafontaine

p. 60: NCC; p. 61: National Medal Collection, Picture Division, PAC/C-53802 (obv.) and C-53801 (rev.); p. 62: (l) PAC/C-5961; (r) PAC/C-31493; p. 63: W.J. Topley/PAC/PA-42405; p. 64: (l) PAC/PA-30286; (r) PAC/PA-103152; p. 65: Geoff Whitlie, Photographer/C2-14-6; p. 66: W.J. Topley/PAC/PA-8353; p. 67: (t) PAC/PA-44780; (b) PAC/C-988

George Brown

p. 70: Hunter & Co., Toronto/PAC/C-26415; p. 71: (l) Courtesy of the Government of Ontario Art Collection, Queen's Park, Toronto/T.E. Moore Photography, Toronto; (r) F.W. Micklethwaite/PAC/RD-641; p. 72: (l) PAC/PA-103155; (r) PAC/PA-44264; p. 73: PAC/PA-34429; p. 74: (l) PAC/PA-24522; (r) PAC/PA-24521; p. 75: NCC

Thomas D'Arcy McGee

p. 78: Notman, Montreal/PAC/C-51976; p. 79: James Inglis, Montreal/PAC/C-83423; p. 80: Priv. Coll.; p. 81: Photo by Ted Grant; p. 82: Process print by Ketterlinus, Philadelphia, after a painting by R.W. Rummell, 1911; Picture Division, PAC/C-96527; p. 83: All photos courtesy of Public Works Canada, except the photo of Truth (NCC); p. 84: Photo by Ted Grant; p. 85: PAC/C-38748; p. 86: PAC/C-79449; PAC, RG11, vol. 3328, File 798-714-13, pt.1, May 11, 1922, J.H. King to W.L.M. King; p. 87: (t) PAC/PA-57530; (b) PAC/PA-30920

Baldwin et Lafontaine

p. 60: CCN; p. 61: Collection nationale de médailles, Division de l'iconographie, APC/C-53802 (avers) et C-53801 (revers); p. 62: (g.) APC/C-5961; (d.) APC/C-31493; p. 63: W.J. Topley/APC/PA-42405; p. 64: (g.) APC/PA-30286; (d.) APC/PA-103152; p. 65: Photo de Geoff Whitlie/C2-14-6; p. 66: W.J. Topley/APC/PA-8353; p. 67: (h.) APC/PA-44780; (b.) APC/C-988

George Brown

p. 70: Hunter & Co., Toronto/APC/C-26415; p. 71: (g.) Compliments de la Collection d'œuvres d'art du gouvernement de l'Ontario, Queen's Park, Toronto/T.E. Moore Photography, Toronto; (d.) F.W. Micklethwaite/APC/RD-641; p. 72: (g.) APC/PA-103155; (d.) APC/PA-44264; p. 73: APC/PA-34429; p. 74: (g.) APC/PA-24522; (d.) APC/PA-24521; p. 75: CCN

Thomas D'Arcy McGee

p. 78: Notman, Montréal/APC/C-51976; p. 79: James Inglis, Montréal/APC/C-83423; p. 80: Coll. priv.; p. 81: Photo de Ted Grant; p. 82: Épreuve de Ketterlinus, Philadelphie, d'après une toile de R.W. Rummell, 1911; Division de l'iconographie, APC/C-96527; p. 83: Compliments de Travaux publics Canada, sauf la photo de la Vérité (CCN); p. 84: Photo de Ted Grant; p. 85: APC/C-38748; p. 86: APC/C-79449; APC, RG11, vol. 3328, dossier 798-714-13, pt. 1, 11 mai 1922, J.H. King à W.L.M. King; p. 87: (h.) APC/PA-57530; (b.) APC/PA-30920

Sir Wilfrid Laurier

p. 90: (l) Courtesy of the Public Archives of Canada/ PAC/C-113001; (r) W.J. Topley/PAC/PA-12299; p. 91: (l) PAC/C-15566; (r) PAC/PA-34430; p. 92: (l) PAC/ C-102542; PAC, MG26, J2, vol.35, File P-1602-1 (1922), April 3, 1924, S.B. Gundy to W.L.M. King; (r) Photo by the Department of Public Works (hereafter, DPW)/PAC/PA-138880; p. 93: DPW/PAC/PA-138877; p. 94: (l) PAC/PA-138879; (r) Maroteau et Cie, Paris/PAC/PA-138881; p. 95: PAC/C-7792; p. 96: (t) PAC/PA-138878; (b) PAC/C-102540; PAC, MG26I, vol.101, file 100, p. 057761, April 7, 1923, W.L.M. King to A. Meighen; p. 97: (t) NCC; (b) Photo by Ted Grant; p. 98: (l) The Hands Studio, Ottawa/PAC/ PA-126949; (r) PAC/PA-27624; p. 99: (t) PAC/C-462; (b) The Hands Studio, Ottawa/PAC/PA-135143

Sir Robert Borden

p. 102: Malak/PAC/PA-145818; p. 103: (t) Malak/ PAC/PA-145822; (bl) Malak/PAC/PA-145823; (br) Malak/PAC/PA-145819; p. 104: PAC/C-17946; p. 105: (l) W.J. Topley/PAC/PA-9419; (r) NCC; p. 106: PAC/PA-2746; p. 107: NCC; p. 108: (l) PAC/C-10080; (tr) Courtesy of the Canadian War Museum, National Museum of Man, National Museums of Canada, #8503; (br) PAC/PA-57515; p. 109: (l) Malak/PAC/ PA-145820; (c) Malak/PAC/PA-145825; (r) Malak/ PAC/PA-145824

William Lyon Mackenzie King

p. 112: (l) PAC/C-26964; (r) NCC; p. 113: Duncan Cameron/PAC/PA-108053; p. 114: (l) Gerry Blouin, National Film Board/PAC/PA-108064; (r) NCC; p. 115: (l) PAC/C-13262; (c) W.B. Shelly/PAC/C-86775; (r) J.H. Smith/PAC/PA-132769; p. 116: (t) Canadian Government Motion Picture Bureau (CGMPB)/ PAC/PA-127563; (bl) Courtesy of the Public Archives of Canada/PAC/C-114912; (br) Courtesy of the Public Archives of Canada/PAC/C-108353; p. 117: (l) Photo by Public Works Canada (hereafter, PWC)/PAC/PA-145433; (r) PWC/PAC/PA-145432; p.118: Photo by Ted Grant; p. 119: (l) Courtesy of Public Works Canada; (r) Photo by Ted Grant; p. 120: Supply and Services Canada, SSC Photo Centre/ #68-11907; p. 121: (l) Priv. Coll.; (r) NCC

Sir Wilfrid Laurier

p. 90: (g.) Compliments des Archives publiques du Canada/APC/C-113001; (d.) W.J. Topley/APC/ PA-12299; p. 91: (g.) APC/C-15566; (d.) APC/ PA-34430; p. 92: (g.) APC/C-102542; APC/MG26, J2, vol. 35, dossier P-1602-1 (1922), 3 avril 1924, S.B. Gundy à W.L.M. King; (d.) Photo du Ministère des Travaux publics (ci-après TP)/APC/PA-138880; p. 93: TP/APC/PA-138877; p. 94: (g.) APC/PA-138879; (d.) Maroteau et Cie, Paris/APC/PA-138881; p. 95: APC/C-7792; p. 96: (h.) APC/PA-138878; (b.) APC/C-102540; APC, MG26I, vol. 101, dossier 100, p. 057761, 7 avril 1923, W.L.M. King à Arthur Meighen; p. 97: (h.) CCN; (b.) Photo de Ted Grant; p. 98: (g.) The Hands Studio, Ottawa/APC/PA-126949; (d.) APC/PA-27624; p. 99: (h.) APC/C-462; (b.) The Hands Studio, Ottawa/APC/PA-135143

Sir Robert Borden

p. 102: Malak/APC/PA-145818; p. 103: (h.) Malak/ APC/PA-145822; (coin inférieur gauche) Malak/ APC/PA-145823; (coin inférieur droit) Malak/ APC/PA-145819; p. 104: APC/C-17946; p. 105: (g.) W.J. Topley/APC/PA-9419; (d.) CCN; p. 106: APC/ PA-2746; p. 107: CCN; p. 108: (g.) APC/C-10080; (coin supérieur droit) Compliments du Musée canadien de la guerre, Musée national de l'homme, Musées nationaux du Canada, #8503; (coin inférieur droit) APC/PA-57515; p. 109: (g.) Malak/APC/ PA-145820; (c.) Malak/APC/PA-145825; (d.) Malak/ APC/PA-145824

William Lyon Mackenzie King

p. 112: (g.) APC/C-26964; (d.) CCN; p. 113: Duncan Cameron/APC/PA-108053; p. 114: (g.) Gerry Blouin, Office national du film/APC/PA-108064; (d.) CCN; p. 115: (g.) APC/C-13262; (c.) W.B. Shelly/APC/ C-86775; (d.) J.H. Smith/APC/PA-132769; p. 116: (h.) Bureau de cinématographie du gouvernement canadien/APC/PA-127563; (coin inférieur gauche): Compliments des Archives publiques du Canada/ APC/C-114912; (coin inférieur droit): Compliments des Archives publiques du Canada/APC/C-108353; p. 117: (g.) Travaux publics Canada (ci-après TPC)/APC/PA-145433; (d.) TPC/APC/PA-145432; p. 118: Photo de Ted Grant; p. 119: (g.) Compliments de Travaux publics Canada; (d.) Photo de Ted Grant; p. 120: Approvisionnements et Services Canada/Photo Centre ASC/#68-11907; p. 121: (g.) Coll. priv.; (d.) CCN

Louis St-Laurent

p. 124: (l) The *Gazette*, Montreal/PAC/C-58335; (r) PAC/C-10461; p. 125: (t) DPW/PAC/PA-145430; (b) DPW/PAC/PA-145431; p. 126: Courtesy of the Department of the Secretary of State; p. 127: (tl) Courtesy of Elek Imredy; (tr) & (b) Courtesy of the Department of the Secretary of State; p. 128: Canapress Photo Service; p. 129: (l) Courtesy of Public Works Canada; Dixie Photography, Ottawa; (c) DPW/PAC/PA-137938; (r) DPW/PAC/PA-137939; p. 130: (l) & (r) NCC; p. 131 (t) Courtesy of Public Works Canada; (c) Courtesy of Elek Imredy; (b) Acart Graphic Services Inc., based on a map by NCC, c. 1966; p. 132: NCC; p. 133: (t) *The Citizen*, Ottawa/PAC/PA-143580; (l) PAC/PA-143579; (r) PAC/PA-143578

John Diefenbaker

p. 136: (l) Courtesy of Pauline Browes; photo by Leclair Photo, Ottawa; (r) Duncan Cameron/PAC/C-74147; p. 137: (l) & (r) Courtesy of Leo Mol; p. 138: (l) & (r) Courtesy of Leo Mol; p. 139: Courtesy of Leo Mol; p. 140: (tl) & (r) NCC; (b) Courtesy of Leo Mol; p. 141: From a photograph loaned to the PAC/PAC/C-17646.

Louis St-Laurent

p. 124: (g.) *The Gazette*, Montréal/APC/C-58335; (d.) APC/C-10461; p. 125: (h.) TP/APC/PA-145430; (b.) TP/APC/PA-145431; p. 126: Compliments du Secrétariat d'État; p. 127: (coin supérieur gauche) Compliments d'Elek Imredy; (coin supérieur droit, bas) Compliments du Secrétariat d'État; p. 128: Canapress Photo Service; p. 129: (g.) Compliments de Travaux publics Canada; (c.) TP/APC/PA-137938; (d.) TP/APC/PA-137939; p. 130: (g.) et (d.) CCN; p. 131: (h.) Compliments de Travaux publics Canada; (c.) Compliments d'Elek Imredy; (b.) Acart Graphic Services Inc., d'après un plan de la CCN, vers 1966; p. 132: CCN; p. 133: (h.) *The Citizen*, Ottawa/APC/PA-143580; (g.) APC/PA-143579; (d.) APC/PA-143578

John Diefenbaker

p. 136: (g.) Compliments de Mme Pauline Browes; photo de Leclair Photo, Ottawa; (d.) Duncan Cameron/APC/C-74147; p. 137: (g.) et (d.) Compliments de Leo Mol; p. 138: (g.) et (d.) Compliments de Leo Mol; p. 139: Compliments de Leo Mol; p. 140: (coin supérieur gauche, coin supérieur droit) CCN; (b.) Compliments de Leo Mol; p. 141: D'après une photographie prêtée aux APC/APC/C-17646